KB271627

흰구름 오려서
누더기 깁고

흰구름 오려서 누더기 깁고
– 화필 40년, 그림과 불교의 만남

지은이 · 고현
펴낸이 · 김인현
펴낸곳 · 도서출판 종이거울

2005년 2월 15일 1판 1쇄 인쇄
2005년 2월 20일 1판 1쇄 발행

편집진행 · 이상옥
디자인 · 부다기획_ 이해모
영업 · 혜국 정필수
관리 · 혜관 박성근
인쇄 · 동양인쇄(주)

등록 · 2002년 9월 23일(제19-61호)
주소 · 경기도 안성시 죽산면 용설리 1178-1
전화 · 031-676-8700
전송 · 031-676-8704
E-mail · cigw0923@hanmail.net

ⓒ 2005. 고현

ISBN 89-90562-13-9 04810
        89-90562-03-1 (세트)

· 책값은 뒤표지에 있습니다.
· 잘못된 책은 바꿔드립니다.
· 이 책의 내용 전부 또는 일부를 다른 곳에 사용하려면 반드시
  저작권자와 종이거울 양측의 서면 동의를 받아야 합니다.

體用不二 3

흰구름 오려서 누더기 깁고

화필 40년, 그림과 불교의 만남

고현 글 · 그림

종이거울

책머리에 쓰다

　사람들이 종교와 인연을 맺어가는 과정을 지켜보면 여러 형태가 있다. 어떤 이는 모태 신앙으로 어머니 뱃속에서부터 인연을 맺는 사람, 어떤 이는 가족이나 주변의 권장에 의해서 인연된 사람, 또 어떤 이는 문학이나 예술 등 간접 체험을 통해서 인연된 사람도 있다. 그런가 하면 어떤 느낌이나 영감을 통해서 또는 생활의 안정을 위해서 스스로 선택하는 등 여러 모습들이 있으나 결국 내 마음 속의 인(因)이 바깥 세계의 연(緣)과 만나 종교적 삶을 살게 된다.

　필자 또한 전생부터 종교적 삶에 습(習)이 강했던지 열 살 남짓한 어린 시절부터 스스로 어떤 종교를 선택하여 새벽 예배를 다니다가 아버지께서 전근을 가시게 되는 바람에 그 종교와 인연이 끊어졌다. 불교와의 인연은 고등학교 2학년 여름방학 무렵, 두 번에 걸친 꿈속의 인연을 따라 전북 고창군 아산면에 있는 선운사 참당암(懺堂庵)을 스스로 찾아가 방학 한 달 동안 단청불사를 도와 주면서 지내다 온 것이 인연이 되었다.

　또 고등학교를 졸업하고는 집안 형님 되는 분의 강권으로 또 다른 종교와도 잠시 인연을 맺게 되었는데 그 종교는 실천덕목을 강조한, 그리고 불교의 교리가 상당 부분 습합된 일본의 종교였다. 그래서 스무 살 안팎에 벌써 세 가지 종교를 체험했으니 내게 있어 종교적 삶은 전생부터 이미 예정된 일이었지 않았나 싶다.

　불교와의 인연은 그럭저럭 40여 년에 이른다. 지금은 대학인의 한 사람으로 속가 생활을 하면서도 '불교 미술 현대화, 불교 디자인 개척화' 라는 스스로 세운 화두에 묻혀 그렇게 살아간다. 그런 탓에 마음은 늘 산에다 두고 몸은 속에서 사는 반승반속(半僧半俗)의 이도 저도 아닌 삶을 살다 보니, 내 가족을 비롯하여 친구들, 직장 동료들, 이웃에 이르기까지 원근(遠近)에 폐 끼치고 미안한 사람들이 한둘이 아니다.

또한 필자는 지난 30여 년 동안 일러스트를 전공으로 해 왔다. 일러스트레이션(Illustration)이란 회화와 디자인 사이에 있는 분야로 축약해서 '일러스트'라고 하며 타인의 주문에 의해 작품의 크기, 내용, 기간, 재료 등에 충실한 '맞춤형 그림'을 뜻한다. 그 일러스트를 바탕으로 캘린더, 포스터, 잡지 표지, 캐릭터, 기념카드, 심지어 장엄불사에 이르기까지 오로지 불교에 관련된 일이라면 금생의 업(業)으로 알고 습(習)을 굴려왔다. 그것이 회화로 분류되건 디자인으로 분류되건 또는 소재(素材)의 미술이건 주제(主題)의 미술이건 내겐 별 의미가 없었다. 다만 독자들이 본 졸저의 글과 그림을 통하여 불교를 이해하고 불교에 대한 지평을 넓혀가는 데 도움이 될 수 있다면 우치(愚癡)한 필자로선 그것으로 족할 뿐이다.

그동안 애써 준 현성, 혜관, 수진, 경화 등 제자들고- 지난 6개월 동안 늘 웃음을 잃지 않고 도와 준 부다기획 본연(本然) 처사 내외분, 그리고 그림책에 대한 제작 부담에도 불구하고 흔쾌히 출판에 임해 주신 도피안사 송암 스님, 또한 마지막까지 최선을 다해 주신 종이거울 편집장 이상옥 보살님께 진심으로 두 손을 모으며 따뜻한 가슴을 전하고 싶다.

———————————— 2005년 1월 蓬萊山 月明庵 山窓에서

高 銀 合掌

“
차안(此岸)의 세계도 피안(彼岸)의 세계도
모두 맑은 심안(心眼)으로 보면
둘이 아니그 하나로 통하는 불이문(不二門)이다.
마음의 눈으로 일체를 유심조(一切唯心造)하면
열반의 저 언덕이나 사바의 이쪽이나
모두가 하나다.
- 又 泉 -
”

되돌아본 여정

고사에서 배우다

되돌아본
여정

"

청산은 나를 보고 말없이 살라 하고, 창공은 나를 보고 티없이 살라 하네.
탐욕도 벗어놓고 성냄도 벗어놓고, 물처럼 바람처럼 살다가 가라 하네.

"

피안여정(彼岸旅程)
Long Distance Journey to Nirvana (55×34㎝) Acrylic on Canvas

역화문(逆化門) 스승

남강 '이승훈 교육상'을 받은 스승이 한 분 계셨다.

유년 시절 초등학교 4, 5학년 때 미술을 개인지도 해 주셨던 담임 오복진(吳福鎭) 선생이 그 분이시다. 선생의 교육방법이 워낙 거칠고 무서워서 요즘 학부모라면 열 번도 더 그발할 수밖에 없는 스승이었다.

그 시절 오후 4시 전후 정규수업이 끝나면 개성교육이 시작되는데 그림에 소질이 있는 아이는 매일같이 그림 한 점씩, 셈에 밝은 아이는 주판 놓는 속도를 점점 빠르게 하여 답을 맞출 때까지, 노래를 잘 하는 아이는 당신의 풍금 반주에 화음과 박자가 마음에 들 때까지 붙들고 있었다.

매 맞아 가며 그림을 그렸고 울면서 노래 불러야 했던 이미 45년 전에 개성교육, 전인교육을 스스로 향하신 분이었다. 선생의 매 타작은 아주 특이해서 칠판 아래턱을 잡고 45도 각도로 엎드려 뻗쳐를 시킨 후, 낚싯대 제일 두꺼운 정도의 길이 1m쯤 되는 대뿌리 매로 주로 엉덩이와 종아리를 때리는데 매의 숫자를 꼭 본인에게 헤아리게 하셨다. 예를 들어 만약 '오늘은 매가 열 대다' 하고 작업을 시작하시는데 만약 아픔에 못 이겨 울부짖다 그만 숫자를 놓쳐버리면 처음부터 다시 시작하셨다.

그러나 지금 생각해도 선생님은 손바닥이나 종아리는 때리셨어도 주

먹이나 발길질 또는 머리채를 잡아 흔드는 등 감정을 폭발시킨 '폭력'
을 가한 기억은 없다. 한 달에 한 번씩 치르는 일제고사 시험도 일등을
해야 되고, 환경미화 심사도 일등을 해야 되고, 운동회날 응원에서도
4학년 2반은 당연히 일등을 해야 했다. 어쩌다 일등을 놓치는 날에는
반 전체 아이들 종아리나 엉덩이는 한 사나흘 황노랑 옥도정기 신세를
져야 했던 지독스럽게 욕심도 많고 열성적인 선생이셨다.

우리들의 소원은 어서 5학년에 올라가 담임선생이 바뀌는 것이었다.
그런데 이 무슨 재수없는 일로 또다시 5학년 담임을 맡으셨다. 열 살 남
짓한 우리들은 엄청 고민을 했는데 특히 필자에게 "니네 아버지 교장이
잖아! 말 좀 해 봐!" 하는 압력을 날마다 받게 되었다. 그때 필자의 아버
지는 같은 지역의 다른 학교 교장이셨다.

어느 날 저녁 용기를 내서 아버지께 오복진 선생님의 폭력을 고발(?)
했는데 그날 저녁 두 분 사이에 전화로 무슨 합의를 보셨는지 다음 날
나는 학교에서 50대가 넘는 매를 맞고 친구들 등에 업혀서 돌아와야 했
다. 지금은 상상도 못할 이야기지만, 그 시절 '선생님은 무조건 옳다'
였고 매를 더 때려달라고 부탁한 우리 아버지 같은 생각이 정답이었던,
교사들의 자부심이 대단한 선생님 최고의 시절이었다.

대학을 졸업하고 성인이 된 뒤에도 그 선생님만 회상하면 끔찍했던
매 타작 기억밖에 없고 그 시절 친구들을 만나 얘기하다 보면 '그 지독
했던 오(吳)매!' 하며 서로 자기가 더 많이 맞았다는 피해 진술에 열을
올리곤 했다.

세월이 흘렀다. 필자 역시 3대째 교육 현장에 나서게 되었고, 해마다
5월이 되어 '스승의 날'이라고 제자들이 찾아 줄 때면 또 다른 모습의

선생님을 생각하게 되었다. 그 옛날 과외수업 한다고 월급을 더 준 것도 아니고, 개성교육 시켜 상(賞)을 받게 해줘도 특별대우 하던 시절도 아닌데 그분의 무엇이 그토록 열정적인 교육자가 되게 했을까…….

40대 후반에서야 철이 났는지 정년을 3개월 앞둔 선생님을 찾게 되었다. 선생님은 이미 30여 년 전에 중등 교육계로 옮겨 미술교사로 계셨다. 36년 만에 처음 뵙던 날, 백발이 하얀 노스승은 돋보기 너머로 나를 지그시 지켜보시다가 내 이름을 말씀드리자 단박에 알아보시고 '아, 평화! 현이!' 하실 때 우리는 더이상 말을 잇지 못하고 부둥켜 안고 있었다. 내 마음 속에 스승은 추억의 파편처럼 이따금 살아났지만 선생님은 그 제자가 살았던 동네 평화리(平化里)까지 정확하게 기억하고 계셨다.

그 후 어느 날 선생님을 모시고 약주를 대접했는데 적당히 취기가 오르자 이렇게 고백하셨다.

"부끄러운 일이네만 나는 왜정시대 소학교 졸업장밖에 없는, 거의 무학자였네. 집안 형편이 너무도 어려워 해방 이후 독학으로 검정고시를 거쳐 초등학교 교편을 잡았고, 그 후 또 자격시험 등을 거쳐 중등학교 교사가 되었네. 그러나 교육현장어 나가 보니 사범학교 출신이 대부분이었고 그들에게 무시당하지 않는 길은 제자들을 어떻게 길러내느냐에 내 인생을 걸 수밖에 없었네.

그래서 특히 젊은 시절 싹이 보이는 제자들에겐 더욱 혹독하게 매질을 했던 못된 선생이었지. 아마 자네도 그 덕에 5학년 땐가 교육감 상 받았지? 나에게 있어 제자들은 '신앙의 대상'이었다네……."

그랬다. 교육청에서 실시한 '군(郡) 전체 어린이날 사생대회'에 나가는 내게 '최고상 못 받으면 매가 50대다!' 라고 했던 말씀과, 다행히 조상님이 도왔던지 죽지 않으려고 선생님 소원을 풀어드렸던 기억을 하고 계신 것이다. 어떻게 그려야 매를 맞지 않을까 오직 그 생각뿐이었던 그 시절, 상을 받고 못 받고 하는 것마저 매로 다스렸다.

교육철학자 존 듀이는 '교육은 경험의 재구성'이라고 했다. 나의 스승은 비록 초등학교 학력이 전부였지만 뛰어난 머리와 기억력을 바탕으로 오로지 제자들에 대한 자신의 희생과 평생을 사람 키우는 일로 신앙을 삼아온 그런 분이셨다.

내게 미술에 소질이 있음을 처음 발견해 주셨고 어찌나 혹독하게 기초를 잡아 주셨던지, 흔히 '끼' 강한 쟁이들이 규격화된 제도권을 잘 견디지 못하는 것에 비해 필자는 자유분방함을 비교적 털고 사는 편이다.

불교에 섭수문(攝受門)과 역화문(逆化門)이라는 가르침이 있다. 스승이 제자를 지도할 때 부드럽고 온건한 방법으로 순차적으로 단계를 올려가며 지도하는 것을 섭수문이라 한다. 역화문이란 이와 정반대로 개성과 고집이 강한 제자들에게 과격, 처벌, 욕설, 매질, 추방 등 상대를 자극하거나 흥분시켜가며 지도하는 방법을 말한다.

불교 고사에 역화문의 스승으로 임제와 덕산 스님이 널리 알려져 있다. 오죽했으면 선가(禪家)에 악쓰고 몽둥이질 하는 '임제할 덕산방(臨濟喝 德山棒)'이라는 말이 지금도 회자되고 있을까.

2004년 10월 중순경, 경기도 성남에서 초등학교 6학년 학생 15명이 담임선생님을 폭력교사로 고발하여 처벌해 달라는 어처구니 없는 충격을 지켜보면서 역화문의 스승이셨던 오복진 선생님을 다시 한 번 생각해 본다. 그는 내 인생에 있어 '미술'의 끼를 발견해 주신 첫 선지식이자 참 스승이셨다.

어머니 한 말씀

중학교 2학년 때던가? 철없던 소년 시절로 기억한다.

방학동안 시골집 마당에서 몇몇 고향 친구들과 자치기 놀이를 하다가 시비가 붙어 서로에게 내뱉는 말이 점차 거칠어지고 험악해졌다. 그때 방 안에서 바느질을 하고 계시던 어머니께서 다급하게 나를 불러 앉히셨다. 그리곤 한참을 매섭게 노려보신 후 엉뚱한 말씀을 하셨다.

"어미가 옛날 얘기 하나 들려 주마" 하시더니 갑자기 백정(白丁)에 관한 말씀을 꺼내셨다.

"옛날에 나이가 지긋한 백정 한 사람이 시장통에서 푸줏간을 하고 있었단다. 어느 날 양반 두 사람이 고기를 사러 와서 그 중 한 양반이 '야, 상놈아! 고기 한 근 주렷다!'고 하자 늙은 백정이 '예 그러지오' 하며 능숙한 솜씨로 고기 한 근을 뚝 떼어 주었단다.

그때 함께 온 또 다른 양반은 아무리 천한 백정의 신분이기로 나이 든 사람에게 말을 함부로 놓기가 미안했던지 '여보게! 고기 한 근 주시게나' 라고 하자 '예, 고맙습니다' 하며 기분 좋게 대답한 백정은 고기를 잘라 주는데 먼저 산 양반의 고기보다 두 배나 많은 양을 주었단다. 그러자 당연히 먼저 고기를 산 양반이 화가 나서 조금 전에 너처럼 소리를 지르며 백정한테 따지고 들었겠지?

'이놈아! 똑같이 한 근씩 샀는데 왜 고기 양이 저 양반 것은 훨씬 크고 내 것은 적단 말이냐!' 고 호통을 치자 백정이 이렇게 대답을 했단다. '아, 그거야 당연합죠. 손님 고기는 「상놈」이 자른 것이고 이 어른신 고기는 「여보게」가 잘랐으니 다를 수밖에요' 했더란다."

나는 세월이 이만큼 지난 지금도 이따금 어머님의 이 말씀을 상기하면 혼자서 피식 웃곤 한다. 함께 살아가는 주변의 사람들 중에는 '잘못된 말투' 때문에 보지 않아도 될 손해와 미움을 받는 이들이 적지 않아 안타까울 때가 더러 있다.

첫마디와 끝마디만 존대어 쓰고 대부분의 말을 상대의 나이에 관계없이 반말로 하는 사람, 상대방을 칭찬하는 말조차도 시비하듯 말을 던지거나 빈정거리는 사람, 평소에는 조용한 사람이 술만 들어가면 완전히 딴 사람으로 변해 폭언·폭력으로 좌충우돌하는 사람, 고속버스 안이나 회의 도중에도 안하무인(眼下無人)으로 크게 웃어제끼면서 전화하는 사람, 모든 사람의 중지를 모아 결정해야 할 내용이 자기 뜻대로 안 풀릴 때 속내를 얼굴에 드러낸 채 말투를 거칠게 내던지는 사람 등…… 어린 시절부터 언어에 대한 습관을 잘못 길들여 손해를 자초하는 사람들이 의외로 많다.

칼에 맞은 상처는 나을 수 있어도 입을 통해 얻은 상처는 평생을 두고 아물지 않는다고 했다. 말의 무서움을 일깨워 준 선각(先覺)들은 또 이렇게 말한다. 철학자 제임스 레이는 '말은 마음의 초상이다' 라고 했다. 엘리어트 리스는 '말에도 아름다운 꽃처럼 그 빛깔을 지니고 있다' 라고 했고, 하이데거는 말이란 말하는 당사자의 '존재(存在)의 집'이라고까지 했다. 또한 탈무드마저 '사람에게 입이 하나고 귀가 둘인 것은 말을 잘 생각해서 하고 듣기를 두 배로 하라'고 했다.

말은 생각을 담는 그릇이다. 그러므로 생각이 맑고 고요하면 말도 맑고 고요하게 나온다. 생각이 야비하거나 거칠면 말도 또한 야비하고 거칠기 마련이다. 그래서 '그가 하는 말로써 그의 인품을 엿볼 수 있다'고 법정 스님은 말씀하신다.

불교에서 흔히 말하는 무아(無我)의 반대는 아견(我見), 아만(我慢), 아상(我相), 아애(我愛), 아치(我痴) 등이 하나로 뭉쳐서 만들어 낸 교만(驕慢)이란 단어다. 상황을 정견(正見)에서 보지 않고 사견(私見)에서 보기 때문에 아(我)가 생긴다. 바로 보면 모두가 진여불성(眞如佛性)인데 나한테 좋으면 탐심(貪心), 나한테 싫으면 진심(瞋心), 여기에서 무명심 즉 치심(痴心)이 발동하여 하심(下心)에서 멀어지면 멀어질수록 겸손은 잊게 되고 교만과 짝을 이루게 된다.

인간관계에 있어서 겸손하고 하심하지 못한 자가 성공한 예는 남녀노소, 동서고금에도 없었고 앞으로도 없을 것이다. 이제 80이 다 되어 골다공 증세로 고생하시는 어머님을 뵐 때면 마음이 씁쓸해진다. 많이 배우지는 못 하셨지만 매사에 참으로 지혜로운 분이셨다.

이심전심(以心傳心)
From Spirit to Spirit (55×34㎝) Acrylic on Canvas

피안(彼岸)의 세계

The Sea beyond the World (53×34㎝) Acrylic on Canvas

선운사 조무(朝霧)
The Morning Mist at Sunwun temple (65×65㎝) Acrylic on Canvas

연심불심(蓮心佛心)

Sky Covered with Lotuses (104×52㎝) Acrylic on Canvas

피안(彼岸)의 바다
The Sea beyond the World (53×34㎝) Acrylic on Canvas

허공만다라(虛空曼茶羅)
Lotuses Blooming in the space (73×54㎝) Acrylic on Canvas

29

아미타연심(阿彌陀蓮心)

Blooming like Lotusess (117×73㎝) Acrylic on Canvas

많이 아는 것은 귀(貴)한 것이나 그보다 더 귀한 것은
다 털어버리는 것입니다.
많이 갖는 것은 부(富)한 것이나 그보다 더 부한 것은
하나도 갖지 않는 것입니다.
남을 이기는 일은 용기(勇氣) 있는 일이나 그보다 더 큰 용기는
남에게 져주는 것입니다.

− 서암 스님 법문 중에 −

피안화(彼岸花)
A Flower blooming in Mind (48×48cm) Acrylic on Canvas

31

금생의 대복

　필자에게는 열아홉 약관에 어떤 전람회에 갔다가 한 선지식의 작품에 어린 혼을 빼앗겨 제 발로 그 분을 찾아가 가르침을 청한 후 지금까지 사제지간의 인연으로 살아가고 있는 유사(類似) 전공의 스승이 한 분 계신다.

　지금은 교수직의 현업에서 은퇴하신 지도 수년이 지나 70이 넘은 노스승이지만 필자의 나이 20대에서 50대에 이르기까지 세대별로 가르침을 달리 하셨던 섭수문(攝受門)의 스승이시다. 그는 언제나 우행호시(牛行虎視), 호랑이 눈빛에 소걸음을 행하시는 외유내강(外柔內剛)의 완벽에 가까운 분이셨다. 외모 또한 조각을 깎아놓은 듯한 출중한 미남자에다 출신학교를 비롯 당신이 몸 담고 계셨던 학교 또한 한국 최고의 대학이었고, 문민정부 시절에는 ㅁ술행정의 최고위직 위치에까지 오르셨던 그런 분이시다.

　그의 작품은 이미 국제적 평론가들에 의해 추대되고 있지만 지금은 조용히 나래를 접고 당신 작업세계의 지평(地平)을 갈무리해가는 모습에서 거인의 퇴장을 지켜보고 있는 입장이다.

　"…… 잔챙이 고기는 잡지 말게. 바구니 속에는 큰 고기만 넣어야 돼.

잉어를 목표로 했으면 끝까지 잉어만 쫓아야 하네. 해질녘 설사 빈 바구니를 들고 돌아올 망정 내일을 기대하며 사는 여유를 가져야 한다 그 말일세.

하루 종일 허탕쳤다는 초조함 때문에 막판에 붕어고 송사리고 닥치는 대로 잡아오면 그것이 바로 소인배들의 좁쌀 행동일세. 거기서 사회질서가 깨지고 싹쓸이하는 잔 욕심 때문에 이웃과 동료들에게 마음의 상처를 주게 되는 걸세. 큰 사람은 결코 타인의 몫을 빼앗지 않네. 지나치게 비대해진 성취동기, 신분상승의 욕망 때문에 세상을 온통 구정물로 만들고 있어. 눈을 크게 뜨고 멀리 바라보며, 뛰지 말고 뚜벅뚜벅 걸어가야 하는 게야."

필자는 스승의 언행을 자양분으로 이따금 느슨해진 자세를 잡아가곤 했다. 한번은 현직에서 퇴임하신 이후 무료함을 덜어드릴까 하여 괜찮은 미술단체의 대표직을 권했다가 호되게 꾸중들은 일이 있었다.

"내 곁에 수십 년 동안 있었던 놈이 아직도 나를 헤아리지 못하는 게야?…… 진정한 선비라면 홀로 산을 지키다가 조용히 사라지는 게야.

퇴임한 이후에는 후배나 제자들로부터 저만큼 떨어져서 조용히 지켜보며 스스로를 조신해야 해! 공연히 은사라는 명함 들고 다니면서 출석부에 이름 오르는 자는 무조건 제자랍시고 이리저리 기웃거리면서 후학들에게 부담이나 줘가며 억지 젊음을 과시하는 바로 그런 행동이 노욕(老慾)이 가져온 노추(老醜)인 게야! 나아감과 물러남의 진퇴(進退)가 분명치 않으면 노래(老來)의 삶이 부끄러워지거늘, 그대가 나를 생각해주는 그 마음 하나로 나는 족할 뿐, 두 번 다시 그런 말 꺼내지 말게."

채근담에 이런 구절이 있다. '사사(謝事)는 당사어정성지시(當謝於正盛之時)하고 거신(居身)은 의거어독후지지(宜居於獨後之地)'라 하여 일에서 물러날 때에는 마땅히 전성기에 물러나야 하고, 몸을 두려거든 마땅히 홀로 떨어진 곳에 두어야 한다는 글귀를 생각게 하는 그런 스승이셨다. 내게 있어 그 분은 교육자의 자세, 예술가의 영혼, 세상을 살아가는 대인(大人)으로서의 모습을 보여 주신 거울이자 상징이었다.

또 한 번 이런 일도 있었다. 선생님의 작품이 이리저리 흩어지기 전에 선생님 성함의 '미술관' 설립을 말씀드렸다가 아주 바보가 되어 버렸다.

"어설픈 놈이 자서전 쓰고 기념관 짓는다는 말도 못 들은 게야? 미술관도 그래. 나더러 내 손으로 지어서 내 손으로 내 이름 문패 다는 얼뜨기 같은 속물이 되란 말인가? 내가 만든 작품을 필요로 하는 곳에 기증을 하든지, 내 스스로 처분하든지, 내가 이승을 떠날 때 쯤에는 텅텅 비워내고 가겠네. 훗날 후손들이 선조의 유품이라 해서 함부로 버리지도 못하는 숙제를 무엇 때문에 남겨 놓는다는 말인가. 부끄럽지 않게 살아 왔으면 떠날 때도 깔끔하게 가는 것일세……."

금년 연초에 찾아 뵈었을 때는 또 이런 말씀을 하셨다.

"텍사스의 버팔로 소떼들은 한 마리가 뛰기 시작하면 수백 수천 마리가 평원을 휩쓸어 버린다네. 평생을 뭉쳐다니는 소떼로 살지 않았다면 인생 후반기에 자신의 이름을 아무 곳에나 올려 격(格)을 떨어뜨리지 말게. 호랑이는 늙어도 절대 무리지어 살지 않아. 그대도 환갑 나이쯤 되면 서서히 퇴임을 준비하여 번거로운 일 새로 벌이지 말고, 하나씩 둘씩 정리하고 비워내면서 후학들에게 버거운 존재가 되지 말게. 외롭다고 젊은 교수들 붙들고 시간 빼앗지 말고 원로는 원로교수답게 모나지 않는 둥근 모습으로 대학의 진정한 발전을 위해 어른으로서 품위를 잃지 않도록 늘 비워내고 깨어있어야 할 것이야."

　절차탁마(切磋琢磨)라 했던가. 필자에게 언제나 ‘탁마’의 입장이 되어주신 이런 스승이 아직 생존해 계심은 금생의 대복이다.

　또 선생님 내외분은 슬하에 남매를 두셨는데 대학 교수로 있는 외아들이 함께 모시고자 해도 아직은 ‘괜찮다’ 하시며 선생님 내외분보다 더 늙은 80이 다 된 파출부를 모시고(?) 살고 계셨다. 어느 날 그 까닭을 여쭈었더니, “이 노인이 중년 때부터 우리집 살림을 도와 주었는데 이제 능력이 없다고 내보내면 어디로 가겠나? 모셔갈 만한 자식도 없고, 다른 집에 가서 일할 힘도 없고, 가지고 있는 재산도 없고 해서 그냥 함께 살기로 했네.” 그런 분이셨다. 아직은 자식에게 신세지기 싫다 하시면서도 피붙이도 아니고, 부모형제도 아닌 내보내면 갈 곳이 없다는 늙은 파출부 수발을 거꾸로 시중들어주고 사시는 그런 스승이셨다.

　유년시절의 스승 오복진 선생이 황무지 광산에서 처음 ‘미술’이라는 금맥을 발견해 주신 분이라면, 이 분은 원석을 제련하여 황금의 가치, 고유한 빛깔, 그리고 보석의 품위를 항상 유지할 수 있도록 다듬어 주고 지켜보아 주신 큰 스승이시다.

　그렇다. 스승 없이 스스로 자란 사람이 어디에 있으리오. 인간의 성장에 있어 스승의 존재만큼 소중한 인연은 다시 없을 것이다. 우리들은 흔히 교육현장에서 ‘선생은 있어도 스승은 없고, 학생은 있어도 제자는 없다’고 자조적인 말을 쉽게 할 때가 있다. 물질만능의 디지털 시대로 흡수되면서 이러한 말조차 이젠 고전이 되어버렸지만 나는 내 스승을 통해 ‘내 제자들에게 최선을 다했는가’를 늘 스스로 자문해 본다. 마치 서울대학교 미술대학 학장과 국립현대미술관장을 역임하셨던 최만린(崔滿麟) 선생이 그러했던 것처럼…….

무심의 선지식

1960년대 말 전남 곡성에서 염소를 키우던 조(趙)씨네 산 집 토굴에 잠시 기거할 때 일이다.

하루는 석곡면에 5일장이 서는 날 석유나 비누 등 필요한 물건을 구입하러 장에 갔다가 올라오는 길이었다. 면소재지와 쌍봉리 마을 사이의 들판에는 모내기가 한창이었고 아직 모를 심지 않은 논에는 써래질을 하느라 분주하던 시기였다. 그때 논에서 쟁기질하던 한 노인과 편지를 배달하던 우체부 사이의 대화를 우연히 듣게 되었다.

"영감님, 영감님! 빨리 이리 좀 나와 보세요! 우리 곡성에 경사가 났어요!"

써래질 하던 영감님은 그냥 자신이 하던 일만 계속하면서 일없다는 듯이 관심을 두지 않았다. 논두렁가에 서서 애가 탄 것은 우체부였다.

"허어, 영감님! 우리 곡성에 큰 경사가 났단 말입니다! 이리 좀 나와 보세요."

"우리 고을의 경사하고 나하고 무슨 상관이 있다고 그 야단법석인가?"

"아이구, 영감님! 댁으로 갔더니 논에 가셨다기에 단숨에 여기까지 쫓아왔는데 어서 나오셔서 이 전보를 받아 보시란 말입니다!”

“전보? 나는 지금 보다시피 매우 바쁘네. 자네가 거기 서서 읽어 주시게.”

우체부는 수고했다는 칭찬이라도 들을까, 하다못해 들판에서 막걸리라도 한 잔 얻어 먹을까, 아무튼 고을의 경사를 함께 나눌 마음으로 집으로 갔다, 들판으로 갔다 여기까지 왔는데 적이 실망한 표정으로 전보를 꺼내 읽었다.

“영감님! 아드님 성함이 이○○씨지요? ‘축, 이○○ 사법고시 2차 합격’ 통지서란 말입니다.”

촌로는 소를 몰며 ‘이랴! 이랴!’ 쟁기질만 할 뿐 묵묵부답이었다. 답답해진 우체부가 다시 한마디 던졌다.

“영감님! 옛날 같으면 과거시험에 합격하여 어사화(御史花)를 꽂고 삼현육각(三絃六角)을 앞세워 금의환향(錦衣還鄕)할 경사인데 논에서 어서 나와 이 통지서를 받으시란 말입니다.”

“허어… 그 사람, ○○이가 사법고시 합격한 것은 그 녀석 일이고, 오전 중에 이 논 다 갈아야 하는 것이 내 일이네. 자네는 편지 배달이 자네 일 아닌가. 거기 논두렁가에 있는 아카시아 가지에다 통지선가 뭔가 꽂아 놓고 어서 자네 일이나 보시게.”

“…….”

우체부는 할 말을 잃어버린 채 다리에 힘이 주욱 빠져버린 탓인지 논두렁가에 털썩 주저앉아 모자를 벗어 부채질 하고 있었고 촌로는 무심한 쟁기질만 계속하고 있었다.

지금은 그 시절보다 훨씬 많은 1천여 명을 선발하는 사시, 행시 합격자가 나와도 지역 경사로 여겨 현스막을 내걸고 동네 잔치를 벌이고 야단법석인데, 1977년 이전에는 고작 70~80명을 합격시켰던 때에 시골 촌로의 무욕무심의 경지는 지금도 내 기억의 바다 위에 잔잔히 살아 있다.

경전의 가르침 속에 '분별심의 경계'에 대해 이렇게 쓰여져 있다.

사람은 바깥 경계(境界)와의 접촉을 통해 세 가지 분별심(分別心)이 일어난다. 첫째, '거슬림'이 주는 경계로 몸과 마음에 고통을 주는 것을 고수(苦受)라 하고 둘째, '이끌림'이 주는 경계로 기쁨과 즐거움을 주는 것을 낙수(樂受)라 하고 셋째, '무감각'이 주는 경계로 고통도 기쁨도 없는 무덤덤의 상태를 사수(捨受)라 한다. 그래서 잡아함, 촉경에 이르기를 갖가지 경계로 인연하여 부딪침[觸]이 생기고, 갖가지 부딪침으로 인연하여 갖가지 느낌[受]이 일어나며, 갖가지 느낌으로 인연하여 갖가지 욕망[愛]이 일어난다고 부처님의 원음(圓音)이 나온다. 그래서 그토록 경계(境界)를 경계(警戒)하라 하셨다.

산 속에서 선정(禪定)에 들기는 어렵지 않으나 경계(境界)에 부딪쳐 동(動)하지 않기가 어렵다고 했다. 자신의 자식이 그 어렵다는 사법고시에 합격했다는 소식을 듣고도 하던 일만 계속했던 촌로의 무심(無心) 경지를 떠올려 보며 마음공부의 참 지혜를 다시 한 번 추억해 본다.

불이(不二)의 결심

성장과정에서 누구나 경험한 일이겠지만 필자는 좀 유별스러웠던 것 같다. 특히 20대 초반은 젊음, 열정, 성취, 도전이라는 단어들이 생소하리만큼 방황, 비애, 좌절, 허무 등의 실체들을 이리저리 떠안고 다니던 시절이었다.

지금 생각해 보면 아무것도 아닌 일들이지만 그때는 스무 살 가슴으로 다 소화해 내기엔 내 삶의 무게가 꽤나 버거웠었다. 5남매의 장남으로 고등학교를 이미 서울에 유학(?)보냈던 부모님의 기대와 본인이 살고자 했던 인생의 빛깔이 너무도 달랐기 때문이다. 그래서 대학 진학(進學)과 출가(出家)라는 상반된 계산 때문에 대학도 여러번 실패하고, 만용으로 저질렀던 출가 또한 군입대 때문에 3개월도 못 채우고 행자(行者)생활을 접어야 했던 내게도 그런 빛바랜 추억이 있었다.

방황이 깊어지다 보니 대학도 아주 늦깎이로 다녔다. 군에서 제대하고 고등학교 졸업한 지 6년 만에 대학에 입학하고 보니 아주 만학이 되어버렸다. 초등학교부터 대학원까지 직선코스로 가서 군 병역까지 면제받은 필자보다 더 어린 선생한테 배워야 하는 '아저씨'의 설움(?)은 그때나 지금이나 여전히 산(山)을 찾는 버릇으로 이어졌다.

대흥사, 도림사, 무등산 약사암, 증심사, 원효사, 보림사, 운주사, 화엄사, 천은사 등……, 특히 그 시절 천불천탑(千佛千塔) 운주사 갈대밭의 폐허는 '황성옛터' 모습 그대로였다. 복원시킨 뒤로는 발길을 끊었지만 그때는 사유(思惟)의 뜰을 넓힐 수 있고 화상(畵想)도 얻을 수 있어 혼자서 자주 찾곤 했다. 그러다 보니 재학 시절 공모전에 출품한 작품은 철저하게 주최측 조건에 따랐으나 혼자 좋아서 하는 습작은 자연스럽게 '불교 일러스트'로 경도된 시기도 이 무렵 부터였다.

대학을 졸업하고 조교시절이었다. 해마다 가을이면 교수님들의 '연구발표전'을 합동으로 갖게 되는데 조교들에게도 참여할 기회가 주어졌다. 처음 선보인 작품이 우연히도 부처님 수인(手印)이 주제가 되었다. 필자는 개인적으로 즐겨 해오던 일러스트였지만 처음 본 사람들은 '손금(?)'보라는 그림인지 '불교' 그림인지 워낙 낯선 주제이다 보니 이상한 눈으로 보게 되었는데, 그래도 그 해는 그런대로 넘어갔다.

다음 해 가을에 또 전람회가 열렸다. 이번에는 족상(足相)이 주제가 되었다. 본인으로선 결코 의도적인 일은 아니었다. 다만 부처님 수인(手印)의 깊은 의미와, 경배의 대상이 되었던 부처님 족상을 작품 주제로 삼았을 뿐이었다. 그런데 어떤 선배의 말처럼 "작년에는 손바닥이 나오더니 올해는 발바닥이 나왔네, 어이! 내년에는 뭐가 나올지 겁나네 이 사람아, 어디 아퍼?" 전람회장 오프닝 파티는 내 작품 때문에 교수 학생할 것 없이 웃음바다가 되어 버렸다.

그렇다. 수상과 족상이 불자들에게는 예배의 대상이 되겠지만 종교가 다르거나 일반적 시각에서는 단순한 손바닥, 발바닥에 지나지 않는다. 설득과 감동을 주지 못한 일러스트 작품은 변명할 여지가 없었다.

악의 없이 던진 한 선배의 농이었지만 그 전람회장에서의 공개적인 해프닝은 커다란 결심으로 굳어지는 계기가 되었다.

'이제 내가 가는 길은 보다 확실해졌다. 부처님의 시봉자가 되는 길 뿐이다. 두 번에 걸친 어설픈 출가심(出家心)도 의지 약한 현실 앞에 맥 없이 무너지고, 자아도취(自我陶醉)에 빠져 그려 낸 불교의 그림은 어느 누구도 설득하지 못했다. 앞으로 나는 불교에 관한 미술이나 디자인을 현대적 감각으로 재현하는 일로 평생의 화두로 삼겠다. 그리고 이제는 나만의 불교 미술이 아닌, 모두가 이해하고 모두가 공감하는, 눈에 보이 는 그림을 그려 나가자. 승(僧)과 속(俗)이 결코 둘이 아닌 일주(一柱)의 불이문(不二門)이라면 삭발하고 먹물옷 입지 않았다 해서 속진 속에 펼 쳐진 화필삼매(畵筆三昧)라고 한소식 못하랴……'

지금 생각해 보면 참으로 유치한 어제같은 출발이었지만 벌써 30여 년 전 얘기가 되어 버렸다. 필자는 더러 외로움과 마주할 때면 고등학교 시절에 배웠던 로버트 프로스트의 '가지 않는 길'을 이따금 떠올리곤 한다. '노란 숲 속에 두 갈래 길이 있었다. 나는 사람이 적게 간 길을 선 택했다. 그리고 그것으로 인해 모든 것이 달라졌다' 는 이 시(詩)의 끝 구절 프로스트의 고백을 닮아버린 그런 삶이 되어 버렸다.

우리가 절에 가면 맨 먼저 일주문(一柱門)과 마주하게 된다. 사찰의 안쪽과 세속의 바깥쪽을 구분짓는 이 문은 불이문(不二門) 또는 해탈문 (解脫門)으로도 불리우며 측면에서 보면 기둥이 하나로 보이고[一柱], 정면에서 보면 기둥이 둘이다. '이사불이 진속불이(理事不二 眞俗不 二)'다. 절 밖의 세속과 절 안의 진리가 둘이 아닌 하나임을 뜻한다. 부 처와 중생이 둘이 아니고, 너와 내가 둘이 아니고, 승과 속이 둘이 아니며, 반야와 번뇌가 둘이 아니듯 모든 현상(現象)과 본질(本質)이 결코 다르지 않다는 불교적 관점을 의미하는 문이다.

물고기는 물과 다투지 않고 주객은 술과 싸우지 않는다는 말이 있다. 필자는 아직 승과 속이 둘이 아니라는 불이(不二)의 결심으로 화필삼매 속에 그렇게 살아가고 있지만 아직도 승(僧)에 대한 막연한 그리움이 남아있는 것인지 이따금 산에 가서 한 철씩은 살아야 새로운 기(氣)를 얻어서 내려오곤 한다.

초발심(初發心)
Out of Worldly concerns (73×54㎝) Acrylic on Canvas

아름다운 우정

　필자에겐 돌아가신 사촌 형이 한 분 계셨다. 흔히 말하는 일류대학을 나와 재무부에서 일하셨는데 젊은 시절 상당기간 고시(考試)에 매달려 공부하느라 가정이 몹시 어려웠다. 그러니까 재무부에 들어가기 전 시골에서 두 남매를 두고 부인이 다니는 직장에 의지하여 공부를 계속했으나 나이는 이미 삼십이 넘고 시험은 자꾸 실패하자 어느 날 안 되겠다 싶었던지 무작정 서울로 상경했다.

　손에 든 것이라곤 법률서적 밖에 없던 백면서생(白面書生)이 어쩔 수 없이 평소 형제처럼 지내던 대학 동창이자 고향 벗이었던 어떤 친구를 찾아갔다. 형의 친구는 1년 전에 행정고시에 합격하여 연수 중에 있는 예비행정관이었고, 그 역시 결혼 5년 만에 겨우 손바닥만한 아파트 한 채를 장만했으나 아직도 은행에 주택부금을 넣고 있는 중이었다.

　두 사람이 오랫만에 만나 얘기를 나누던 중 형의 딱한 처지를 듣자 잠시 기다리게 해놓고 한참 후에 돌아와 '내가 가진 것은 이 아파트 집문서 하나뿐이다. 이거라도 담보로 해서 생활 터전을 마련해라' 하면서 두 말 없이 집문서를 건네주었다. 만약 일이 잘못되면 그 친구마저 처자식 데리고 길바닥에 나앉게 되는 판에 형은 차마 받을 수가 없었다. 두 사람이 옥신각신 하다가 결국 그 집문서를 형의 손에 쥐어주고 친구분은 총총히 사라졌다.

그 후 부처님이 도우셨는지 상경한 지 1년 만에 형도 행정고시에 합격했다. 그리고 그 집문서는 4년 후에 돌려주었다. 형은 이따금 그 친구분 이야기를 하면서 '만약 입장이 바뀌어 그 친구가 내게 손을 내밀었다면 나는 내 집문서를 쉽게 내줄 수 있었을까?'를 자문해 보면서 자기에게 그런 친구가 있음을 늘 자랑스럽게 말씀하셨다.

두 사람의 관계는 주변에서 질투를 받을 정도의 금란지교(金蘭之交)로 오랜 나날을 그렇게 지내셨다.

호사다마(好事多魔)라던가, 사촌 형은 경제기획원 과장 시절 그만 간암선고를 받고 투병한 지 반 년도 못 되어 마흔넷이라는 너무도 아쉬운 나이에 타계하고 말았다. 초등학교 시절부터 1등에 반장을 독식하는 바람에 집안의 기대도 컸고 필자 또한 매우 존경했건만, 국장 발령을 눈앞에 두고 유명을 달리해 버렸으니 형을 잃은 슬픔은 집안 전체의 충격이었다. 형의 친구분도 상가에 오셔서 얼마나 오열을 하셨는지 그 모습은 주변을 더욱 안타깝게 만들었다.

세월이 흘렀다. 그 형 친구분은 형이 돌아가신 이후에도 형의 제삿날에 빠지는 일이 없었고 외국에 연수를 가서도 전화를 주곤 하셨으며, 계속 형의 가족을 돌봐주셨다. 친구의 자식을 자기 자식처럼 훈계도 하고, 때로는 학교 담임 선생님을 찾아도 보고, 조카가 대학에 입학을 하자 등록금도 대신 내 주고, 새 양복까지 사주면서 '녀석, 커 갈수록 제 애비 닮아가는구나' 하며 돌아가신 형을 떠올리곤 했다.

조카가 군에 입대하자 면회도 가 주고 조카딸이 사귀는 남자가 있다고 하자 기어이 그 남자친구를 만나보고 나서 ‘사내가 그릇이 작고 마마보이 기질이 있어 안되겠더라’고 훼방을 놓기도 했다. 워낙 한가족처럼 오랫동안 보살피자 주변에서 ‘한 남자 두 집 살림’하는 것으로 더러 오해도 있었으나 친구분은 조금도 개의치 않고 형이 돌아가신 이후 훌쩍 20년이 넘도록 한결같은 마음으로 보살펴 주셨다.

임명직 부지사를 끝으로 지금은 어느 기업체 초빙 이사로 활동하시는데 어느 날 필자를 좀 보자고 연락이 왔다.

“죽은 네 형에게는 미안한 일이지만 네 형수 재혼시켜 드리고 싶은데 네 생각은 어떠냐?”고 물으셨다. 필자는 그동안 궁금한 게 많았던지 자신도 모르게 동문서답을 했다.

“돌아가신 형님이 무슨 염치로 자식들 반듯하게 잘 길러 다 분가시키고 혼자 사는 형수, 남은 인생을 간섭하겠습니까? 좋은 사람 있으면 얼마든지 그렇게 해야지요. 그런데 저는 궁금한 게 하나 있습니다. 도대체 형님은 돌아가신 형에게 무슨 빚을 그리도 많이 졌기에 아직도 다 못 갚은 겁니까?” 하고 되물었다.

형 친구분은 잠시 망설이더니 엉뚱한 말씀을 하셨다.

“너의 형과 대학을 다닐 때 네 형이 학생회장을 했는데 함께 데모를 하다가 경찰서에 연행이 되었다. 그때 네 형은 끝까지 유인물을 자기가 혼자 만들었다고 버티다가 남산 대공분실로 이첩되어 모진 고문을 받았는데, 그 덕에 나와 다른 동료들은 3일 만에 나오고 네 형은 2개월 후에야 반쯤 죽어 나온 일이 있었다. 그 유인물은 네 형이 중심이었지만 사실 모두 함께 만든 것인데…….

나는 평생 네 형에게 그때 진 마음의 빚을 안고 살아야 했다. 그 후 고시 패스 동창들을 만나 술잔을 나눌 때면 이 중에 훗날 누가 '장관(長官)' 감이냐는 농담을 가끔 나누었는데 그때마다 모두들 네 형을 지목했다. 순수성, 신뢰성, 의협심, 두뇌 회전, 의리와 도량 모든 면에서 단연 군계일학(群鷄一鶴)이었다. 그런데 중간에 그만 요절해 버리는 바람에 나는 네 형에게 진 마음의 빚을 갚을 수가 없게 되어버렸다. 이렇게라도 하는 것은 내 스스로 내 마음을 위로받기 위함일 뿐 내가 무얼 도왔다고 그러는 게냐."

진실된 우정은 살아있을 때나 죽은 후에도 이처럼 그 빛깔이 변함없는가 싶다. 우리들에게도 과연 이런 우정이 존재한다는 사람이 있다면 그는 참으로 행복한 사람이다.

부처님 말씀에도 벗에는 꽃[花]과 같은 벗, 저울[錘]과 같은 벗, 산[山]과 같은 벗, 땅[大地]과 같은 벗 등 네 가지가 있다고 했다. 귀할 때 함께 했다가 어려워지면 떠나는 벗이 꽃과 같은 벗이요, 이익이 있으면 함께 하고 챙겨주지 못하면 떠나는 벗이 저울과 같은 벗이요, 함께 기뻐하고 함께 번영케 하는 이타행(利他行)을 하는 벗이 산과 같은 벗이며, 씨앗을 대지 위에 심듯 베풀고 기르며 보호해 주는 은혜가 두터운 벗을 땅과 같은 벗이라 했다.

수행에 있어 좋은 도반을 갖는 것은 도(道)의 전부에 이른다고도 했다. 평생에 어진 벗을 가까이 두는 것처럼 큰 복은 없다 할 것이다. 두 분 형들의 우정은 60년이 되도록 생사(生死)와 관계없이 오늘도 이어져 가고 있다.

초심만리(初心萬里)
Spirit without selfishness Forever (104×52㎝) Acrylic on Canvas

화장실 스님

일본을 여행할 때 어느 절에서 스님한테 들은 얘기다.

성격이 매우 까다롭고 화를 잘 내는 스님이 한 분 계셨다고 한다. 그가 주석하던 암자 곁에는 수백 년 묵은 팽나무가 한 그루 서 있었기에 사람들은 자연스럽게 그를 '팽나무 스님'이라 불렀다. 스님은 그 별명을 매우 싫어했는데 속 모른 사람들은 별 생각 없이 자꾸 '팽나무 스님, 팽나무 스님'하고 부르자 화가 난 스님은 어느 날 아름드리 큰 팽나무를 톱으로 베어 버렸다.

그 후 팽나무는 없어졌어도 나무의 밑둥치가 남아 있어서 사람들은 또 '밑둥치 스님'이라 불렀다. 스님은 더욱 화가 나서 이번엔 그 밑둥치까지 괭이로 파 버렸는데 파 낸 자리에 웅덩이가 생겨 물이 고이자 사람들은 다시 '웅덩이 스님'이라고 불렀다.

스님은 또 화가 나서 웅덩이의 물을 다 퍼내고 그 근방을 새끼줄로 쳐 놓았다. 얼마 후 사람들이 지나다니면서 그 웅덩이에 휴지나 오물을 버리게 되자 이번에는 '쓰레기 스님'이 되어버렸다. 견디다 못한 스님은 쓰레기들을 모두 소각시키고 곰곰이 생각하다가 주민들을 위한다는 생각에 간이용 화장실을 새로 만들었다. 주민들은 또 그 스님을 '화장실 스님'이라 불렀다.

결국 그 스님은 어느 날 소리없이 팽나무 암자를 떠나 버렸다.

이 얼마나 어이없는 결과인가. 팽나무 스님이라는 호칭 하나에 그 경계를 뛰어 넘지 못하고 호불호(好不好)에 감정을 실어 공연한 팽나무만 죽여 놓고 끝내는 화장실 스님이 되어 쫓겨가는 모습이라니…….

사람이 감정 하나 다스리지 못하고 진심(瞋心)에 먹히게 되면 그 자리가 바로 지옥심이다. 당나라 때 문수보살이라는 칭송을 받았던 한산(寒山) 선사의 게송에 이런 구절이 나온다.

진시심중화 소진공덕림(瞋是心中火 燒盡功德林)

욕행보살도 인욕호진심(欲行菩薩道 忍辱護眞心)

'성냄은 마음의 불꽃이니 모든 공덕을 다 태워버린다. 보살의 길 가려거든 인욕으로 참 마음을 잘 가꾸어야 한다' 는 뜻이다. 세속에 살면서 작은 일 하나 참아내지 못해 화장실 스님 되는 것이 무섭거든 한번쯤 깊이 새겨 볼 말씀이다.

봉투에서 얻은 교훈

어느 날 낯선 스님 한 분이 찾아오셨다.

"그동안 큰 절에서 타블로이드 판으로 제작해 오던 월간 회보를 소책자로 편집하여 첫 출발을 하고자 하는데 표지에 교수님 작품을 싣고자 찾아뵙게 되었습니다."

"그 사찰이라면 우리나라 대표적인 가람이라 아무래도 원로스님들이나 노스님들이 많으실 텐데 제 그림이 먹혀 들겠습니까?"

"회보 편집은 저희같은 젊은 스님들이 만듭니다. 큰스님들은 편집 일에 관여하지 않습니다."

"그래도 저로서는 솔직히 두렵습니다. 그동안 제가 해온 작업은 일반 대중이나 불자들을 대상으로 삼았는데 스님들이 보실 책자 표지 그림은 아무래도 수묵 담채나 담백한 목판화 또는 오방색 탱화 그림에 눈길이 익어있을 텐테 그래픽적인 일러스트 그림은 무리가 아니겠습니까?"

"그것은 걱정하지 않아도 됩니다. 생소한 그림에 다소의 불만과 뒷말이야 왜 없겠습니까? 변화를 두려워 한다면 아무 일도 못한 채 산중에 쳐박혀 전통과 구태에 안주 밖에 더 하겠습니까? 젊은 우리가 부처님 정법으로 포교 일선에 앞장서지 않으면 불교의 앞날은 더 이상 기댈 곳이 없습니다.”

젊은 스님의 가슴에서 울려나오는 열정 앞에 필자는 서서히 무너지고 있었다.

“교수님, 일단 승낙하시면 창간호뿐만 아니라 1년 동안 해주셔야 됩니다. 그런데 저희들이 표지 제작 비용으로 지불할 고료가 확보되지 않아서…….”

“네에? 아니 그러면 일 년 열두 달, 표지 그림 열두 장을 전부 무주상(無住相) 보시로 해달란 말입니까?”

“…… 염치없는 부탁이지만 어떻게 안되겠습니까?”

“…….”

일반적인 세속의 거래였다면 ‘이런 낯짝 두꺼운 스님이 있나’ 라는 말이 튀어나왔을 것이다. 그러나 스님께서 그동안의 어려운 과정, 그리고 여기까지 빈손 들고 내려올 결심을 세우기까지의 마음고생을 듣고 나니 도저히 모른 척 할 수가 없었다.

집사람을 또 어떻게 설득해야 하나? 불교 작업 한다고 산으로 서울로 뻔질나게 드나들면서 툭하면 집을 비우고, 벌어들인 제작비용은 어디다가 쓰는지, 학교에서 받는 정해진 월급으로 가정을 꾸려가는데 부업(?)으로 하는 불교 미술은 어떻게 된 건지 생활에 보탬이 되질 않았다. 도움은커녕 오히려 월급을 깎아먹고 있으니 집사람의 불만과 의심을 이해 못 하는 바도 아니었지만 일단 작업을 시작하기로 했다.

한 달쯤 지나 두 번째 작품을 가지러 왔을 때 스님께 여쭈었다.

“반응이 어떻던가요?”

“와글와글 합니다. 예상했던 대로 젊은 층과 장년층의 선호도가 확연히 구분되며 벌통을 건드려 놓은 듯 합니다. 그러나 저희들은 이대로 밀고 갈 겁니다. 교수님, 끝까지 도와 주시는 거지요?"

예상은 했지만 마음은 심란했다. 그리고 또 몇 달이 지났다.

"요즘은 반응이 어떻습니까?"

"이해를 한 것인지 포기를 한 것인지 처음보다는 덜 합니다만 문중에서 제작비용을 주니 마니 여전히 힘이 듭니다."

참으로 안타까운 일이다. 필자로선 이보다 더 힘빠진 일이 없었다. 집사람이 이해해 준 것도 아니고, 작품의 반응에 위안이 되는 것도 아니고, 종교화 작업에 금생의 삶을 걸어보겠다고 원력을 세울 때부터 부자될 생각은 기억 밖의 일이지만 내 돈 들여 거저 해준 작품에 제작비는 고사하고 비난이 돌아올 때 작가 입장에서는 이보다 더 큰 고통은 아마 없을 것이다.

표지화가 9개월째 나가고 있을 때 스님이 또 오셨다.

"아니, 스님 이게 뭡니까?"

"부끄럽습니다. 반 년이 넘도록 원고료 한 푼 못 드리고 정말 몇 푼 안 되는 액수지만 작업에 도움이 되었으면 합니다."

불교 작업한 이래 모처럼 받아 본 하얀색 편지봉투가 두툼한 모습으로 놓여 있었다. 독자들의 반응도 서서히 호감 쪽으로 돌아서고 사형들도 이제는 별 시비하지 않는다는 반가운 말씀과 함께 스님은 돈봉투를 놓고 가셨다. 오랫만에 느껴보는 행복감이었다. 우선 집사람한테 체면을 세우게 되었다.

'그래 오늘 저녁은 가족과 함께 호텔에서 멋진 외식을 한 번 하자. 그리고 모처럼 집사람에게 옷도 한 벌 맞춰 주자. 아니지, 우선 3개월째 외상으로 가져온 화방 최사장에게 20만 원쯤 되는 물감이며 화구값 등

빚부터 갚아야지. 그리고 또 남은 돈은 어떻게 쓴다?'

하얀 봉투가 빵빵하면 대개 얼마쯤이란 것을 짐작하면서도 법당에 촛불 켜는 마음으로 조심스럽게 돈을 꺼냈다. 아니?…… 그 봉투 속에는 천 원짜리 지폐 백 장, …… 100만 원이 아니라 10만 원이 들어 있었다.

그로부터 15년쯤 후 불교방송에서 인터뷰를 하는 과정에서 사회자가 필자에게 대답하기 곤란한 질문을 던졌다.

"실례의 질문 하나 드리겠습니다. 교수님처럼 끊임없이 작업을 하시는 경우 미술대학 학장 직함에 대한민국 산업디자인전 심사위원 수준이면 작품 제작료가 상당할 텐데 실례지만 얼마쯤 받습니까?"

필자는 잠시 망설이다 15년 전에 경험했던 이 이야기를 하면서, 봉투를 바라볼 때의 행복감, 돈을 확인한 직후의 분노심, 그리고 잠시 침묵 이후의 참회심으로 '그래, 이 돈은 가난한 불자들이 시주한 돈을 한 장 한 장 모아서 내게 주신 것일 게다'에 생각이 미치자 조금 전의 분노심이 매우 부끄러웠음을 솔직히 고백했다. 그리고 그 질문에 대한 마무리를 이렇게 했던 것으로 기억한다.

"종교에 관련된 일을 하는 사람들은 모든 것을 '교주시자(敎主侍者)' 자세로 작업에 임해야 합니다. 모든 보시(布施)에는 유주상(有住相) 보시와 무주상(無住相) 보시가 있음도 잘 아실 것입니다. 참다운 보시가 되려면 '베푼다'라는 생각과 관념 자체를 다 버려야 무루지혜(無漏智慧)가 된다고 배웠습니다. 그러나 이것을 직업으로 갖고 여기에서 빵값을 해결해야 되는 처지에 놓이게 되면 입장이 매우 곤혹스러워집니다.

경험삼아 말씀드린다면 한 10년쯤 하면 교통비 정도 받게 되고, 20년

쯤 하게 되면 교통비에 물감값쯤 얹어 받게 되고, 아마 한 30년은 넘어야 작가에 대한 예우가 가능할 듯 싶은데 그것도 두고 봐야지요. 저는 월급받는 곳이 따로 있기에 이 작업이 가능했음을 늘 감사드립니다.

그리고 항상 그 시절 '흰 봉투의 교훈'을 잊지 않으려고, 푸대접에 대한 분노심을 비우려고, 제 지갑 속엔 그때의 천원짜리 한 장을 지금도 넣고 다닙니다. 교계의 이런 현실 때문에 아직껏 반듯한 제자 하나 키워내지 못하고 있습니다만 언젠가는 디자인도, 일러스트도 대접받는 시절 인연이 오겠지요……."

노옹선방(老翁禪房)
Priest's Room (73×50㎝) Acrylic on Canvas

인욕을 가르친 스승

1987년 8월, 나는 부다가야 니련선하 강변에 있었다. 강둑의 넓은 풀밭 위에는 흑염소 몇 마리가 한가롭게 풀을 뜯고 있었고 등 뒤로는 2천 년도 더 전에 아쇼카 대왕이 세웠다는 부다가야 대탑이 석양에 졸고 있었다.

인도 봄베이에서 시작하여 아울랑가바트, 아잔타, 보팔, 산치, 아그라, 바라나시를 거쳐 부다가야에 이르기까지 인도 대륙을 여행하면서 함께 동행했던 한 스님을 떠올려 본다.

인도를 호강하면서 순례할 생각은 처음부터 없었지만 그렇다고 이토록 처절한 '실미도' 훈련이 될 줄은 상상도 못했다. 성지순례가 세 번째인 스님의 제안으로 둘이서 각각 250불씩 모두 5백불을 가지고(그 당시 1불은 약 750원, 우리 돈으로 40만 원이 못 됨) 2개월 동안 인도 대륙을 여행한다? 초행인 필자로서는 도저히 이해가 되지 않았지만 모든 것을 스님께 맡기기로 했다.

내 진심(瞋心)은 여행 첫날부터 시험 당하기 시작했다. 기차로 가는 여정에 줄서서 표 구입하는데 1시간, 열차를 기다리는데 1시간, 열차가 출발한 뒤 20분 달리고 10분 쉬는, 40도가 넘는 푹푹 삶는 날씨에 객실은 말로만 듣던 6·25 피난 열차가 이랬을 것이다. 좌석 구조가 3층으로 되어 있어 머리 위 선반에도 사람, 좌석과 선반 사이에 또 좌석이 있어 맨 아래 좌석에 앉은 필자는 머리 바로 위에 앉은 사람 종아리와 발 뒷꿈치를 바라보며 보통 9시간, 10시간을 가야 했다.

선로 위에서 교차된 건너편 열차의 쾌적함을 이따금 바라보며 저 열차와 이 열차가 비교되어 스님께 물었더니, '저 열차는 부자들만 타는 열차고 이 열차는 가장 하층민인 접촉해서는 안 된다는 불가촉(不可觸) 천민들이 타는 열차인데 가축들도 함께 타는 이런 열차를 타 봐야 인도를 바르게 알게 된다'고 하시면서 잘도 졸고 계셨다.

열차에서 해방되어 릭샤를 탈 때도 그랬다. 나는 내 짐 무게 때문에 양쪽 어깨 살갗이 다 벗겨져 멜빵을 타올로 감아 받쳐 허우적대고 있어도 스님은 이 사람 저 사람 붙들고 후려치고 깎아서 요금이 80에서 40루피가 될 때까지 나를 끌고 다녔다. 겨우 흥정이 끝나면 두 사람이 탈 수 있는데도 나만 타라 하고 당신은 릭샤꾼에게 위치를 가르쳐준 후 걸어서 한참 후에 도착하곤 하셨다. 한두 번도 아니고 가는 곳마다 반복되기에 그 까닭을 물었더니 '릭샤를 타면 무엇이 가장 먼저 눈에 들어오더냐'고 되물었다. 그거야 첫날부터 내 마음을 불편하게 했던 늙은 릭샤꾼의 뒷덜미였다.

비쩍 마른 릭샤꾼의 목에는 빛바랜 낡은 수건 한 장 걸쳐져 있고 땀에 범벅이 된 러닝셔츠는 구멍이 숭숭 뚫린 채 살갗에 찰싹 달라붙어 있어 볼 때마다 마음이 편치 않았다. 어떤 놈은 타고 가고 어떤 놈은 입에서 단내가 나도록 페달을 밟아야 되는 불공평을 이미 여러 번 경험한 터라 마음이 불편해 가방만 맡기고 나도 걷겠다고 했다. 스님은 깜짝 놀라며 담을 허술하게 해 두면 도둑질을 가르친다는 '만장도교(慢墻盜教)'를 말씀하시면서 '그러면 우리 가방 들고 도망쳐 버린다. 측은지심(惻隱之心) 화두 삼아 한 소식 해 보라' 며 휘적휘적 가버리곤 했다.

싸구려 여행자 숙소인 '게스트 하우스' 동네에 와서도 그냥 아무집에나 들어가는 법이 없다. 30분이건 한 시간이 걸리건 흥정한 가격이 맞지 않으면 나를 끌고 돌아다녔다. 산치에서는 아홉 번째 집 입구에서 내가 그만 주저앉아 버리자 마구 화를 내며 '당신은 한국에서나 교수지 이곳에서는 가난한 순례자일 뿐' 이라고 닦아 세웠다. 나도 표정관리를 포기한 채 '단돈 10루피(우리 돈 40원 정도) 더 깎으려고 한 시간을 헤매야 되느냐'고 악을 쓰기 시작했다. 단 한번도 모기장이 제대로 붙은 침대나 화장실에 휴지가 준비된 숙소에는 가 본 일이 없었다.

나는 김치 없이는 못 사는 입맛이다. 고기 없이는 1년을 살아도 김치 없이는 단 하루도 못 사는 입맛인데 점심 저녁은 길거리에서 파는 우리 돈 40원짜리 짜파티로 때웠다. 파리, 벌떼가 새까맣게 달라붙은 설탕 범벅의 넓적 빵을 고물 리어카 좌판 앞에 선 채로 스님은 그 신성한(?) 음식을 잘도 드셨지만 나는 몇 번 먹어본 후 입을 찢어도 더는 먹을 수가 없었다. 아예 1리터짜리 플라스틱 생수가 주식이 되어버렸다.

하루에 서너 개씩 물병만 비워내며 계획에 없던 단식투쟁으로 강행군을 했더니 나흘째 화장실에 가지 않는 내가 염려가 되었던지 스님이 이유를 물었다. "김치 한 번 먹어보건 소원이 없겠다. 이 인도 대륙 한복판에서 김치 타령하는 내가 미친 늠이지요?"

스님은 퀭하게 들어간 내 눈에 겁이 나셨던지 인도 여행 한 달 만에 나를 정식 식당으로 안내했다. 중국식당이었는데 웨이터에게 무얼 주문

했는지 하얀 쌀밥과 빨간 국물 위에 배추 가닥이 떠 있는 동치미(?)가 나왔다. 나중에 스님께 들었더니 서비스로 주는 '배추절임'인데 내가 그것도 김치라고 네 그릇을 주문하는 바람에 돈을 따로 계산했다고 투덜대셨다.

50여 일이 지나 쿠시나가라를 거쳐 네팔 국경까지 왔다. 룸비니를 참배하고 네팔의 수도 카트만두 가는 길은 히말라야 산맥 지류여서인지 11시간을 산으로만 올라가다가 30분 정도 내려간 해발 2,400m 분지가 카트만두였다. 올라가는 동안 인도의 토토(ToTo) 버스는 나를 일곱 번이나 차에서 내려 버스를 밀고 올라가게 하거나 산에서 굴러 떨어진 바윗돌이나 자갈을 치우는 고행을 시켰다. 신기한 것은 그 차에 타고 있던 그쪽 사람들은 이미 진심 공부가 끝나버렸는지 어느 누구도 화를 내지 않았다. 오로지 필자만이 억지로 화를 참다가 끝내 한국말로 욕을 해대는 인욕의 불을 내뿜고 있었다.

수십 번도 더 헤어지고 싶고 잠잘 때 도망쳐 버리고 싶은 갈등과 독심으로 끓어오르는 진심 속에서 여행은 계속되었고, 카트만두에 도착했을 때 내 몸무게는 무려 14킬로그램이 달아나 버렸다. 처음으로 선풍기와 화장지가 있는 모텔급 호텔에서 24시간 여독에 지쳐 누워 있어야 했다. 그리고 카트만두 시내 고려식당에서 두달 만에 깍두기와 된장국을 앞에 두고서는 오히려 목이 메어 먹을 수가 없었다. 스님께서 씨익 웃으시면서 "몸무게가 많이 빠져 한결 가볍지요? 애 많이 쓰셨습니다. 지금은 저를 두 번 다시 안 보고 싶겠지만 시간이 지나면 많은 것을 느끼실 것입니다. 그리고 여기 19불과 몇십 루피가 남았습니다. 우리는 둘이서 480불 가지고 인도 성지순례 2개월을 끝냈습니다."

현음(玄音) 스님은 필자보다 4살이나 아래였는데 이미 8년 전에 입적하셨다. 송광사 선방에서 주석하시다가 미처 못다한 남방의 위빠사나 선(禪) 공부를 다시 이어가기 위해 미얀마로 가셨으나 그쪽의 풍토를 이겨내지 못하고 1년 만에 득병한 채 귀국하셨다.

이후 무등산 원효사에서 정양하고 계실 때 간에 좋다는 이약 저약도 권해 보고 부황뜸 기구도 사드려 토고 자주는 못 뵈었어도 이따금 찾아가 차(茶)도 나누었다. 그토록 건강하고 의지도 의욕도 남다르셨는데 무엇이 그리도 급하셨는지 처음 부음을 들었을 때는 하루 종일 애끓는 마음을 주체할 수가 없었다.

여행에서 돌아온 후 이따금 그를 만나면 '성지순례 한 번 더 할까요?' 하고 농을 하시곤 했다. 필자에겐 이처럼 체험을 통해 인욕을 가르쳐 준 스승이 있었다. 그는 17년 전 나를 끌고 인도 대륙을 헤매면서 부처님이 말씀하신 고행(苦行)의 의미와 불교 공부하는 방법을 현장 체험으로 가르쳐 주신 또 한 사람의 선지식이었다. 세월이 이만큼 흘렀는데도 문득 문득 그때를 떠올리면 사무친 마음으로 스님을 추억한다.

두 스님의 가르침

18년 전의 기억이다. 전생부터 인연이 있었던지 당시 스리랑카 마헨드란 대사님과 세교를 갖게 되었다. 어느 날 대사께서 호남지방의 불교를 탐방해 보고 싶다는 말을 듣고 흔쾌히 초청했다.

우리 일행은 대사 내외분과 통역관, 운전기사 그리고 나 까지 다섯 사람이 여름 휴가 5일간을 홀가분한 마음으로 남도의 불교 유적지를 여행하게 되었다. 대사께서는 관폐(官弊)를 끼치기 싫다면서 한사코 비공식 방문으로 해 달라고 하여 모든 스케줄은 내 스스로 짜게 되었다.

화엄경의 선재동자는 아니어도 여러 선지식들을 친견하게 되었는데 유별 기억에 남은 두 분 스님이 계셨다. 먼저 한 스님을 친견하게 되었는데 이 지역에서는 꽤나 알려진 스님이셨다. 중국 식당 귀빈실에 초청받은 우리 일행과 저쪽 분들까지 여덟 사람이 명함을 주고 받고 인사를 나눈 다음 음식을 주문하는 등 여덟 사람이 공동으로 사용한 5분 정도를 뺀 점심공양 2시간을 혼자 다 써버린 스님이셨다.

한국 불교의 역사와 전통, 스리랑카 상좌부 불교에 대한 자신의 견해까지는 그대로 통역시켰으나 당신 절에서 하고 있는 자찬성(自贊性) 사회사업 얘기부터는 통역관에게 눈짓으로 선택적 통역을 주문 할 수밖에 없었다. 이어지는 대부분의 말씀이 죄송스럽게도 당신 자랑 절반에 남을 폄하하고 헐뜯는 자찬훼타(自讚毁他) 내용을 차마 외국인에게 그대로 전달할 수가 없었기 때문이다.

자신이 ○○회장이 되어야 하는 당위성, 당시의 종단갈등과 난맥상에 대한 비판, 우리 민족의 갈등과 분열 몇몇 동료 스님들에 대한 끝없는 폄하, 심지어 중국요리 즐기는 시범 및 맛에 대한 품평에 이르기까지 묻지도 않는 얘기를 동행한 상좌 스님 장단에 맞춰 혼자서 개막, 연출, 주연, 연기, 폐막까지 모두 끝내셨다. 어느 누구도 말씀 도중에 끼어들수도 없었고, 그럴만한 여유도 주지 않았던 실로 대단한 입심이었다.

오랫동안 가까이 모셨던 스님으로 당신 요사에서 단 둘이 앉아 답답한 속내를 털어 놓을 처지도 아니고, 처음 만나는 외국인을 포함한 여러 사람 앞에서 거침없이 큰 소리로 말씀해 가시는 모습이 어찌나 불편했던지…….

만심(慢心)과 아집(我執)으로 상당히 굳어진 그 스님의 끝없는 다변(多辯)과 막행막식했던 그날 그 자리의 두 시간은 지옥이 따로 없었다. 이 대사는 젊은 날 옥스퍼드 대학 유학시절 힌두교도이면서도 마명(馬鳴)보살이 지은 대승기신론(大乘起信論)에 대한 원효 스님의 명(明) 주해서를 독파할 정도로 한국 불교에 해박한 분이었다. 게다가 우리나라에 스리랑카 초대 대사로 오기 전 중국대사를 9년 동안 거쳐 중국 문화에 정통한 외교관 앞에서 중국 요리 강좌라니……. 사전에 대사에 대한 정보를 주지 못한 내 실수가 컸고, 내가 알지 못한 스님을 주변의 추천만 믿고 스케줄을 잡은 일들이 매우 후회되었다.

전생에 벙어리였던 사람이 이생에 오면 다변(多辯)이 된다고 들었는데 실제 행동으로 보여준 인욕바라밀의 또 다른 깨우침이었다.

눈치 없는 비슷한 스님을 또 뵙게 되면 어떻게 해야 되나, 무거운 마음으로 아홉 번째 사찰을 방문하게 되었다. 말로만 듣던 호남 제일의 선승(禪僧)을 필자도 그때 처음 친견드렸다. 학처럼 단아한 모습, 맑고 깊은 눈빛, 부드러운 미소와 적당한 침묵, 대강 두 시간 정도의 만남이었지만 오고 간 대화는 말길보다 눈길이 더 많았다.

노스님은 차를 들지 않고 시자(侍者)를 통해 권하기만 하셨고, 일행이 오해할까봐 시자가 대신 '스님은 일일일식(一日一食) 외에는 아무것도 들지 않으니 이해해 달라. 10년 묵언 끝에 말씀을 푼 지 얼마 되지 않아 표현이 어눌하니 양해해 달라' 는 말을 통역관이 더 신바람 나서 전달했다. 점심 공양 때의 무거운 마음을 충분히 보상받은 환희심은 통역관도 나와 다를 바 없었던 듯 싶다.

대사는 한국의 선맥과 간화선(看話禪)에 대한 참선의 핵심에 대해 물었고, 노승은 공산화된 중국 불교와 티베트 상황에 대해 궁금해 하셨다. 대화는 불과 몇 마디 오고 갔고, 그 간극을 맑은 차향과 적당한 침묵으로 대신 했지만 대사의 표정은 너무도 진지했고 깍듯한 예절을 일관되게 갖추었다.

며칠 동안 여러 스님을 친견했는데 약간의 목례와 악수로 이별하더니 이 노승 앞에서는 헤어지면서 6척 거구를 엎드려 우리보다 더 정확한 오체투지로 인사 올리는 것을 보고 깜짝 놀랐다. 대사는 부임 후 지난 1년 동안 서울 근교의 사찰과 스님들을 통해 알 것은 대부분 알고 있었고 돌아오는 차 안에서 유일하게 이 노승의 법명을 두 번 세 번 되물었다.

그 노승이 바로 전남 곡성 태안사에서 2003년 11월에 향년 81세, 법

랍 56세로 열반하신 청화(淸華) 큰스님이셨다. 비록 말이 통하지 않는
이방인의 눈에도 종교가 다른 힌두(Hindu)의 심성에도 맑고(淸) 탁함
(濁), 정(正)과 사(邪)를 정확하게 보고 있었다.

　나는 지금도 오래 전의 두 분 스님을 통해 크게 얻었던 유상(有相)과
무상(無相), 허상(虛像)과 실상(實像), 유위(有爲)와 무위(無爲), 경(輕)
과 중(重)을 배우게 해준 선지식들이었다.

에라 스님 회상기

같은 절에 나가는 선배 한 분이 따님을 결혼시켜 신혼여행 보내놓고 허전했던지 저녁이나 같이 하자고 초대를 해서 몇몇 법우들과 함께 그 댁에 가게 되었다. 몇 순배 술이 돌고 덕담이 오고 간 끝에 동석했던 한 법우가 응접실 중앙 상단에 가로로 걸린 족자를 보고 아무래도 이해가 되지 않았던지 그 뜻을 물었다.

거기에는 불가(佛家)에 전해져 내려오는 '조사 부사 자사(祖死 父死 子死)'라는 여섯 글자가 쓰여 있었다. 박 선배는 "으응, 저거! 죽었다 살아난 글씰세"라고 한마디 해 놓고 파안대소를 했다.

나도 그가 웃는 이유를 알기 때문에 덩달아 웃었더니 "어이! 교수 동생, 내 입으로는 말 못하거쓴께 자네가 얘기하소이" 하고 말머리를 내게 돌려 버렸다.

이미 오래 전에 입적하신 노장 '에라 스님' 글씨였다. 스님은 늘 습관적으로 '에라, 이놈아!' 소리를 잘해서 우리들 사이에서는 에라 스님으로 통했으나 누구도 그 말에 언짢아하지는 않았다.

십수 년쯤 되었을까? 정초가 되어 박 선배와 함께 에라 스님께 새해 인사를 갔다. 스님은 마침 지필묵을 꺼내 놓고 서도(書道)로 망중한 중이셨다. 박 선배는 이때다 싶었던지 가훈(家訓)으로 삼아 대대로 물려줄 글씨 한 점 얻고 싶다는 뜻을 은근ㅎ 내비쳤다. 스님 입장에서도 박선배의 부인이 처녀 시절부터 당신을 끈직이 시봉했었고 결혼 후에도 남편과 함께 늘 가까이 친견해 온 터라 마음빚이 남아있는 셈이었다.

스님은 당신 습관대로 "에라 이놈아! 그래 뭐라고 써주랴?" 하고 되물었다. "뭣이든지 좋습니다. 스님 낙관만 찍히면 되니께요" 하고 너털웃음을 웃자 잠시 침묵이 흐르더니 큰 붓을 들어 순식간에 쓰시는데 뚫어지게 붓 끝을 응시하던 박 선배의 얼굴이 점차 일그러졌다. 독특한 필체의 초서였으나 획이 주르륵 이어지는 연면초(連綿草)가 아니라 글자가 똑똑 떨어지는 독초(獨草)다 보니 죽을 사(死)자 만큼은 확실히 읽을 수 있었기 때문이었다.

스님이 다 쓰시고 낙관을 챙기며 먹이 마르는 시간을 기다리는 동안 박 선배가 이것이 무슨 뜻이냐고 묻자 "에라 이놈아! 조사 부사 자사도 못 읽냐!" 라고 일갈하셨다. 나도 처음엔 그 뜻을 잘 몰랐고 박 선배도 '조사, 부사, 자사라……' 아무래도 휴지 없는 화장실에 들어간 표정이었다. 본래 박 선배는 젊어 한때 이 지역에서 알아주는 주먹(?)이었는데 독실한 불자인 부인을 만난 후 그 세계에서 손을 씻었다. 지금은 그런대로 알려진 전기설비 회사를 경영하는 사업가가 되었는데 괄괄한 성격은 여전하여 기분이 꺾이면 말이 나오는 대로 내뱉어버리는 버릇이 있었다.

이때도 박 선배는 마음 속으로 '이놈의 영감탱이! 10년 넘게 시봉해 온 제자가 글씨 한 점 써 달랬더니 정초부터 재수없게 죽을 사(死)자만 몽땅 써 주네' 하는 심사가 얼굴에 쓰여있어 나는 웃음을 겨우 참고 있었다. 노스님께서도 이내 박 선배의 표정을 읽어 내시고 "에라 이놈아! 싫으면 관둬!" 하시면서 써놓은 화선지를 홱 잡아채자 "아이구 스님! 좋습니다. 좋단께라우" 하며 얼른 달려들어 글씨를 조심스럽게 말기 시작했다.

스님께서 "정 마음에 안들면 자사 부사 조사(子死 父死 祖死)라고 거꾸로 써주랴!" 하셨다. 그 순간 나도 모르게 무릎을 쳤다. 어느 책에선가 한 번 읽었던 기억이 번뜩 스쳤다. 스님께서는 나를 지그시 바라보시더니 "우천(又泉)이는 뭐 좀 아는 것 같은데 그럼 니가 해석해 봐!" 하셨다.

"예, 조부가 죽고, 아비가 죽고, 자식이 죽는다. 즉 물이 위에서 아래로 흐르듯 모든 일이 순리(順理)대로 풀려간다. 그런 뜻 아니겠습니까?" 하고 대답했더니, "흐음, 그래도 훈장질 한 놈이라 반쯤은 뚫어졌구나. 그런데 한 가지 빠졌어! 어느 가정이나 노인부터 차례로 죽어야지 새파란 손자놈이 먼저 죽고, 그 다음 애비가 죽고, 씨잘데기 없는 할애비가 맨 나중에 죽는다면 그 집구석 날 샌거여! 니 놈이 말한 순리(順理)도 맞는 얘기고, 불교 입장에서 본다면 어떤 일을 계획하고 도모할 때 세 번 죽을 각오로 최선을 다 하고, 만약 이법(理法)에 어긋난 탐욕이 올라올 때도 세 번 죽을 각오로 잘 다스리는 인욕정진을 하란 얘기야! 에라 이놈들아!"

박 선배는 해석을 듣는 순간 한 소식 얻은 학승처럼 벌떡 일어나 또 한 번 큰절을 올리더니 글씨를 다시 펴 보고 "아이고! 이 귀한 것이 죽었다 살아났네!" 라고 해서 스님도 나도 마음놓고 웃었던 기억이 새롭다.

방 안에 있던 법우들이 내 얘기가 끝나자 '에라 스님이라면 그러시고

도 남을 분’이라며 모두들 폭소를 터뜨렸다.

‘축록자 불견산(逐鹿者 不見山)’이라 했던가, 사슴을 쫓는 자는 산을 보지 못한다 또는 산을 보지 않는다 라는 해석에서 전자로 풀면 우리들이 어떤 일을 접했을 때, 나무에 빠져 숲을 보지 못하고 펄펄 뛰는 경우처럼 박 선배도 그 당시 죽을 사(死)자 셋에 끄달리다 보니 전체를 완상(玩賞)하지 못했을 뿐이다.

모두들 티없이 웃었지만 박 선배와 나는 노장 스님의 모습이 족자 속의 글씨와 함께 아련해짐을 느끼며 그때를 추억하고 있었다.

다 심(茶心)
A windy spring Day (53×34㎝) Acrylic on Canvas

수본진심(守本眞心)
Spirit in Nature (48×48cm) Acrylic on Canvas

불자(佛子)의 도(道)
The buddhists way for Truth (65×65㎝) Acrylic on Canvas

73

세존(世尊)의 종언(終言)
Buddha's Teaching (65×65㎝) Acrylic on Canvas

←

오월(五月)의 향기(香氣)
In the Midst of scent of May (117×73㎝) Acrylic on Canvas

농무화(濃霧花)
Misty Flowers (48×48㎝) Acrylic on Canvas

병풍조(屛風鳥)

Birds Leaving a Folding Screen (104×52㎝) Acrylic on Canvas

> 하루종일 봄 찾아도 봄은 안 보여
> 짚신이 다 닳도록 온 산을 헤매었네.
> 봄 찾는 일 그만두고 집으로 돌아오니
> 울타리에 매화꽃이 한창인 것을…
>
> — 경허(鏡虛) —

산사춘일(山寺春日)
A Springday of a Temple (53×41㎝) Acrylic on Canvas

자식한테 배우다

특수 인쇄업을 하는 삼십대 후반의 오(吳)씨라는 사람이 있었다.

위인이 성실하고 신의가 있어 작업이 있을 때마다 함께 하다보니 꽤 정도 들고 나를 퍽 따르기도 했다. 하루는 꼭 만나서 상의할 일이 있다고 간청하기에 퇴근길에 들렀더니 혼자서 난롯가에 앉아 소주잔을 기울이고 있었다. 땅이 꺼져가는 한숨과 더불어 '아홉 살짜리 아들 녀석이 저를 죽이네요' 하는데 모습이 영 심상치가 않았다.

그 아들은 나도 잘 알고 있었다. 몇 년 전 그의 사무실에 들렀다가 꽤 놀랄 일을 목격했던 터라 기억하고 있었다. 안고 있던 아들이 무엇에 불만이 있었던지 갑자기 아빠의 뺨을 철썩 치면서 "ㅇ새끼야!" 하는 것을 보고 깜짝 놀랐다. 그러나 더욱 가관인 것은 뺨을 얻어 맞은 아빠가 "어! 이 녀석 주먹이 제법 쎄졌네" 하며 넉살좋게 웃는 그의 모습이었다. 분위기나 말투로 보아 이미 여러 번 얻어터진 듯 했고 곁에 있던 부인이 민망했던지 아이 엉덩이를 때리면서 '애 아빠가 자식을 예뻐만 하지 통 버릇을 잡지 않는다'고 대신 부끄러워 했다. 그 아들이 지금 초등학교 2학년이 되었고 그 아들과의 문제였다.

오씨는 어린 시절 매우 불우했다. 그의 나이 다섯 살 때 부친이 돌아가셨고 일곱 남매의 막내로 자란 그는 늘 천덕꾸러기였다. 어머니는 식당 일을 나가셨고 누나나 형들이 차례로 생활을 책임지며 겨우 살아왔기에 오씨도 상업학교를 졸업하자마자 바로 직업을 가져야 했고 억척스럽게 살았다. 어려서부터 형들이 입다 물려준 헌 옷으로 때우고 학교에 내는 수업료도 몇 달씩 밀리기 일쑤였고, 견학이니 수학여행 같은 행사는 꿈도 꾸지 못하고 자랐다. 지금은 제법 틀이 잡혀 살 만큼 살면서도 어린 시절 자신의 성장과정 탓인지 자식 교육에 있어서는 항상 부인보다 뒷전이었다.

그런 오씨는 80이 넘은 노모를 모시고 살았는데 부모형제의 정을 모르고 자란 탓인지 형이 셋이나 있으면서 막내인 자기가 모셔야 되는 입장을 내세워 형제간에 불화가 잦았다. 그나마 노모께서 최근 들어 헛소리를 하며 치매증세를 보이자 형제들이 모여 상의를 했으나 누구 하나 책임지겠다는 사람이 없었다. 오씨는 더 이상 스트레스 받는 게 싫어서 어머니를 기도원인가 하는 곳으로 보낼 결심을 하게 되었다. 예의 바른 부인이 계속 모셔야 된다고 해도 오씨가 끝내 반대를 하자 남편의 고집을 꺾지 못하고 마지못해 떠나 보낼 준비를 하는 과정에서 일어난 일이었다.

아들 공부를 도와 주던 부인이 글씨 연습장에서 속옷 2만원, 담요 3만원, 요강 2만원, 슬리퍼 8천원, 가방 3만원…… 등 며칠 전 남편과 상의했던 어머니 가재도구 구입내용이 고스란히 적혀 있었다. 부인이 아들한테 왜 이걸 적어 놓았느냐고 묻자 "엄마 아빠도 할머니 나이 되면 기도원에 보낼 때 나도 필요해서요" 라는 아들의 당돌한 말에 두 사람은 상당한 충격을 받은 듯 했다.

노모를 기도원에 보내자니 아들 말이 무섭고 대소변도 못 가리는 노모를 모시고 살자니 그 고생이 버거워 해결사로 나를 부른 듯 했다. 자신의 성장과정이 불우했던 오씨는 뺨까지 맞아가며 애지중지 키우고 있는 자식이 벌써 요강과 담요 값을 기록해 놓은 것에 대한 쇼크였다. 그동안의 인연을 돕는 듯 해서 연기법(緣起法)을 중심으로 말 빚을 갚고자 여러 가지 실례를 들어가며 성의껏 소참법문(小參法門)을 해 주었다. 어리석은 사람이 아니라서 충분히 이해를 했고 자신의 잘못을 크게 뉘우쳤다. 자식의 메시지를 받고도 깨닫지 못하여 치매에 걸린 부모를 버린다면 이 땅엔 버려진 부모가 헤아릴 수 없게 될 것이다.

『아함경』에 이르기를 부모에게 의식을 제공함이 하품(下品)의 효행이요, 마음을 기쁘게 해 주는 것이 중품(中品)이요, 부모님 공덕을 부처님께 회향함이 상품(上品)의 효행이라고 되어 있다. '양자식 지친력(養子息. 知親力)'이라 했던가, 자식을 낳아 길러 봐야 제 부모 노고를 안다고 했다.

불교에 『육방예경』, 『불승도리천』, 『위모설법경』, 『불설효자경』, 『불설부모은난보경』, 『대방편불보은경』, 『목련경』, 그리고 『부모은중경』에 이르기까지 수많은 경전에 부모 은혜에 대해 거론한 이유를 우리는 어느 사이 잊고 사는 것 같다.

맑고 향기롭게

법정 스님께서 '맑고 향기롭게' 살아가기 모임을 시작하면서 사단법인으로 등록을 할 무렵 평소 스님의 지근거리에 있던 법우들이 첫 시련을 겪게 되었다. 등록을 하려면 단체의 명칭, 단체의 목적, 대표자 이름, 구성인원 등을 기재해야 되는데 스님께서 난색을 표했다. 스님은 수직관계가 아닌 수평관계 입장에서 평이사로 함께 이름들을 쓰자는 생각이셨다. 그리고 직함이 왜 필요한가 그런 것 필요없다는 말씀이셨다.

국가에서 요구하는 서류상의 대표자 칸에 겨우 스님을 설득하여 속명(俗名)의 성함은 기록했으나 호칭 부분에 있어 총재, 회장, 의장, 대표, 이사장, 위원장, 총장 등 여러 의견들이 나왔으나 '산 속에 사는 중이 무슨 놈의 총재고 회장이란 말이냐?' 하시면서 완전히 닭살 돋는 표정이셨다. 우리는 며칠을 두고 고심하다가 어쩔 수 없이 겨우 허락받은 명칭이 '회주(會主)' 스님이셨고 주변에서는 대표자 호칭이 이상하다(?)고들 하지만 우리는 지금껏 회주 스님이라고 호칭해 왔는데 이제는 그마저도 버리셨다.

'큰스님'이라 호칭해도 '큰 중, 작은 중이 따로 있다더냐! 분별심, 차별심 두지 말라는 불가에서 오히려 상(相) 짓고 있다'고 못 쓰게 하시

고 어쩌다 친견드린 불자가 삼배(三拜)라도 드릴라치면 받고 있는 동안
에 불편해 하시는 표정을 확연히 읽을 수 있어 가까이 모시는 불자들은
당신의 요구대로 일배만 드린다.

운영위원들 사이에 맑고 향기롭게 '운동' 운운하면 의도적으로 생색
내는 냄새가 난다고 '모임'이라는 단어로 호칭케 하셨고, 어쩌다 자연
보호 운운하면 자연은 보호(保護)하는 것이 아니라 보존(保存)하는 것이
라 하셨다.

또 전국의 6개 지부에서 활동하는 '자원봉사자'들이 있는데 이 단어
속에 아만(我慢)이 보인다 하여 봉사(奉仕) 대신 활동(活動)이라는 말로
고쳐서 쓰도록 하여 우리들 사이에는 '자원활동자'로 부르고 있다. 자
원봉사라는 단어도 꼭 쓸 수밖에 없는 경우에는 평등의 입장에서 '나
눔'으로 해석하라고 가르치신다.

지방의 모 지부에서 '불우 이웃돕기'라는 현수막을 썼다가 혼이 난
일도 있다. 불우(不遇)라는 단어의 대상자 입장에서 생각해 보라고 하시
면서 행여 일하는 이쪽 사람들 교만심 깃들까 염려하여 '우리 이웃돕
기' 또는 불우라는 단어를 아예 빼버린 '이웃과 나눔'으로 고쳐 쓰라고
하신다. '생태 환경' 운운하는 단어도 '생명존중'으로 고쳐 부르게 하
시는 등 우리들이 하는 일을 통해 행여 겸손, 하심, 검소, 침묵 대신에
교만, 아상, 풍족, 자랑이 끼어들지 않도록 철저히 감시하신다.

"아상 드러내지 말고 침묵 속에서 일하라. 홍보나 광고하지 말고 관
(官)의 힘 빌리지 말라. 매스컴 이용하거나 부자 단체에 손 벌리지 말라.
마음으로 하면 극락이지만 의무로 하면 지옥이다. 일을 머리로 하지 말
고 가슴으로 하라. 가난한 이웃의 진정한 벗은 하심과 겸손이다. 상(相)

드러내고 아만심 키우려거든 차라리 그만두라. 여기 서울 성북동 길상사(吉祥寺)가 부자 절로 변해가고 남에게 자랑하기 위한 행사로 번거로워지면 나는 발길을 끊겠다……."

지금이야 그 나름의 습이 붙어 자연스러워졌지만 처음 2, 3년은 모두들 힘들어했다. 작년 4월에 KBS에서 방영된 일요스페셜 '법정, 산에 오르다'의 프로도 이 방송 저 방송의 제안을 10여 년 동안 거절해 오시다가 '차라리 맑고 향기롭게 일을 때려 치우던지, 일판을 벌여놓고 당신이나 관계자들에게 찾아와서 해 주겠다는 홍보마저도 못 하게 하시면 어쩌자는 것이냐'는 측근들의 불만 때문에 겨우 허락하신 것으로 알고 있다.

어느 날이었다. 스님 법회가 끝나고 난 후 점심공양 시간에 연세가 지긋한 어떤 노보살님이 "20년 넘게 쫓아 다녀봤지만 으이그! 법정 스님, 속가(俗家)에서는 단 하루도 못 살 양반이야!"라고 농을 해서 모두들 크게 한바탕 웃은 일이 있었다. 스님께서도 그만 그 웃음에 동참하셨지만 그 웃음 속에는 충분히 긍정적인 부분이 있다는 의미다.

멀리서 바라보면 그저 '맑은 수행승'이고, 중간쯤에서 바라보면 말 붙이기 어려운 조금은 '괴각(乖角) 스님'이시고, 바로 곁에서 바라보면 여백(餘白)이 있는 '70 노승'이건만 대부분 사람들은 감추어진 여백의 미소까지는 잘 모르는 듯 했다. 투철한 자기점검과 청량(淸凉)한 자기견지가 없었더라면 50년을 한결같이 일관된 수행승의 삶을 살아올 수 있었을까?

잘 닦아 가다가도 중도에서 무너져버린 아쉬운 스님들을 얼마나 많이 보아왔던가, 시퍼런 초발심으로 촛물 먹인 삼베실을 오른쪽 팔뚝에 꽂아 그 불꽃 다 타기 전에 외쳤던 능지(能持)의 약속을 끝까지 지켜간 참

스님은 아홉 중에 세 사람도 남지 않는다고 한다. 그러니 그 길이 얼마나 힘든 길인지 남아있는 세 분 스님들은 초심과 종심의 수직적 삶 그 자체만으로도 충분히 존경받을 수 있어야 한다고 생각한다.

법정 스님께서 직접 창안하여 세우신 맑고 향기롭게 실천강령은 수행승으로서 맑고 청정한 삶을 살아오셨기에 그 바탕 위에서 내 놓을 수 있었을 것이다. 스님은 초등학교 학력이라도 이해할 수 있는 행동지침을 세 갈래로 구분하여 아홉 가지 실천 덕목으로 이렇게 선언하셨다.

첫째, '마음을, 맑고 향기롭게' 하기 위해서

- 욕심을 줄이고 만족하며 삽시다.
- 화내지 말고 웃으며 삽시다.
- 나 혼자만 생각 말고 더불어 삽시다.

둘째, '세상을, 맑고 향기롭게' 하기 위해서

- 나누어 주며 삽시다.
- 양보하며 삽시다.
- 남을 칭찬하며 삽시다.

셋째, '자연을, 맑고 향기롭게' 하기 위해서

- 우리 것을 아끼고 사랑합시다.
- 꽃 한 포기, 나무 한 그루 가꾸며 삽시다.
- 덜 쓰고 덜 버립시다.

우리는 지금도 10년 넘게 이 가르침 속에서 살고 있다.

찻잔으로 가르치다

2년 전에 입적하신 노스님이 한 분 계셨다. 한 장소 한 암자에서 30년이 넘도록 두문불출하시며 오로지 참선구도에만 정진했던, 40이 넘어 출가하신 늦깎이 스님이셨다. 그의 법명이 세상의 입들을 통해 별로 회자되지는 못했어도 필자는 나름대로 배운 바가 커서 이따금 친견 드리곤 했다.

입고 계신 겨울 법의가 하도 낡아서 한 벌 해 드렸더니 빙그레 웃으시며 고마워 했지만 다음에 찾아뵈면 여전히 낡아빠진 분소의를 그대로 입으신 채 내가 해다 드린 새 법의는 다른 스님이 입고 계셨다. 어쩌다 몇 푼 안 되는 시주 돈을 넣어드려도 웃으시며 고마워는 하지만 다음에 다시 찾아 뵐 때는 엉뚱하게 주지 스님한테 고맙게 잘 썼다는 인사를 받게 하던 그런 스님이셨다. 하심, 검소, 겸양, 미소, 침묵이 몸에 배인 내 눈엔 아라한이었다.

어느 날 나에게 호기심이 많았던 후배 교수 두 사람이 그 노스님을 한 번 뵙고 싶어해서 동행한 일이 있었다. 한 분은 서양 철학을 전공한 독일 박사였고, 또 한 분은 유전자 공학을 전공한 미국 박사로서 타종교 신자였으며 두 분 다 재기가 넘치고 촉망받는 젊은 석학들이었다.

노스님을 셋이서 처음 뵙던 날 필자가 오체투지로 3배 드리는 모습이 마뜩치 않았던지 한 교수가 앉자마자 대뜸 질문을 던졌다.

"스님, 불교에서는 108배, 1080배, 3천배, 심지어 일만 배까지 절을 해 대는 굴신운동을 한다는데 그 효과는 무엇으로 어떻게 증명됩니까?"

공학자다운 질문이었지만 그 당돌함에 퍽 당황했다. 마치 젊은 날의 내 모습을 보는 듯했다. 민망한 마음으로 스님을 바라보았으나 얼굴에 잔잔한 미소만 보일 뿐 우리들을 대접하기 위해 찻물만 끓이고 계셨다.

또 한 교수가 불쑥 질문을 던졌다

"스님, 입고 계신 옷을 분소의라 합니까? 똥 분(糞)자, 청소 소(掃)자, 옷 의(衣)자를 쓴 것으로 아는데 그 의미가 무엇입니까? 예전 성철 스님도 그 비슷한 낡은 옷을 입고 계시던데 스님들은 일부러 다 헤진 그런 옷을 입는 겁니까?"

이 야생마 같은 교수들을 공연히 데려왔구나 후회가 되었다. 의문점이 생기면 때와 장소, 질문의 내용, 좌석의 분위기 등은 안중에 없는 서양식 사고의 요즘 젊은 디지털 석학들의 한 면모였다.

스님은 아무 말없이 끓인 물로 차를 만들어 주셨다. 그런데 이상한 것은 도자기 찻잔이 아니라 유리컵에다 넘칠 정도로 가득 부어 내놓았다. 마시기는커녕 뜨거워서 유리잔을 잡을 수도 없었다. 노스님께 여러 차례 차를 대접받았지만 한 번도 경험해 보지 못한 이상한 일이었다. 스님은 조용한 미소로 바라보고 계시다가 한마디 하셨다.

"드시지요. 쌍계사 야생차라 맛이 괜찮을 것입니다."

두 교수들은 이미 유리잔을 잡았다가 후다닥 다시 놓은 뒤였다.

"아, 뜨거워서 못 드시는군요. 그러면 여기 찬물을 섞어서 드시지요."

　노스님은 유리 물병을 교수들 무릎 가까이로 밀어 주셨다. 한 교수가 말을 이었다.

　"뜨거운 차가 넘쳐날 지경인데 여기에 어떻게 찬물을 더 부을 공간이 있겠습니까?"

　"뜨거운 물에 찬 물을 섞으려면 먼저 찬물이 들어갈 만한 공간이 있어야 한다는 그런 말씀이군요."

　"……."

　두 교수는 서로 쳐다만 볼 뿐 잠시 침묵이 흘렀다. 노스님께서 다시 조용히 웃으시며 한마디 하셨다.

　"지식이 충만한 세 분 교수님들 앞에서 이 늙은 중이 무슨 말을 더 보태겠습니까? 굳이 한마디 곁들인다면 그대들은 지식이 가득한 뜨거운 물이고, 소승은 나중에 부어 넣을 차가운 물인듯 싶은데 뜨거운 물이 가득해서 더 부을 공간이 없어 안타깝군요. 늘 마음들이 비어 있어야 타인의 마음도 받아들일 수 있을 텐데 가득 채워져 있으니 말입니다……."

　두 교수의 얼굴이 갑자기 붉어지더니 다 죽어가는 소리로 말했다.

　"스님, 죄송합니다."

　불교에서는 '늘 깨어 있어야 한다'는 말을 많이 한다. 이 말의 본 뜻은 '지금 나는 어디쯤 가고 있는가?'에 대한 자기성찰을 의미한다. 제 아무리 분별시비(分別是非)하는 학문을 업(業)으로 삼았다 할지라도 본성(本性)을 찾아가는 고향을 잃어버렸다면 실향민이 될 수밖에 없다.

　'보라는 달은 안 보고 손가락 끝만 본다' 하여 견지망월(見指忘月)이라는 말이 생겨났다. 필자의 경험에 비추어 봐도 성격적으로 실험, 논

리, 실습, 토론, 반증적 인물보다 명상, 묵상, 참선, 침묵, 사유(思惟)적
인물일수록 입이 조용하고 눈빛이 맑았다.

　　1996년 여름 제암산 소래암에서 있었던 정현(正玄) 노장님과의 대화
였다.

피안득심(彼岸得心)
Spirit in Nirvana
(53×34㎝) Acrylic on Canvas

소(小)공덕의 법우들

보시(布施)라는 단어를 사전에서 찾아보면 '깨끗한 마음으로 법이나 재물을 아낌없이 베풂' 또는 '승려에게 베풀어 주는 금전이나 물건'으로 되어 있다. 또 잘못된 보시의 대표적 인물로 고대 중국의 양(梁)나라 무제(武帝)를 조소한다.

양 무제는 온 나라의 사찰이나 승려들에게 아낌없는 보시를 베풀어 불심천자(佛心天子)라는 별명을 얻을 정도였다. 그러나 달마(達磨)대사 앞에서 자신의 행동을 자랑삼아 늘어놓다가 "무공덕!"이라는 따끔한 법매를 맞아 천년 세월이 지난 오늘까지도 우리들 사이에 회자되고 있다.

하지만 그 양 무제도 주상보시생천복(住相布施生天福) 차원에서는 유루복(有漏福)도 안 짓는 것보다는 좋다는 논리도 있다. 또 그의 아들 소명태자(昭明太子)가 『금강경』의 해박한 주해서를 처음 32단락으로 나눈 기준이 오늘날까지 금강경 해석의 중심이 되었듯이 양 무제 부자가 불교에 남긴 공덕(功德)이 결코 적다 할 수 없을 것이다. 그럼에도 불구하고 '기껏 지어놓고 입으로 털어버린' 헛고생 하는 이들이 어디 양 무제뿐이겠는가.

열반하신 성철 종정께서 젊은 시절 마산 근처 성주사에 잠시 주석하

고 계실 때 중창불사가 한창인 법당 앞에 '중창불사 시주자 ○○○'라
고 써 있는 큰 간판을 보시고 그 처사를 불러 '이런 산 속에서 몇 사람이
나 보겠느냐, 저것을 떼어다가 내일 당장 마산역 앞 광장에다 붙이자'
하여 그 처사를 깨우쳐 주었다는 일화도 있다.

　우리는 이 처사처럼 깊은 신심에서 불사를 위해 시주한 것인지 이름
적힌 간판 하나 얻기 위해 돈을 낸 것인지 안쓰러운 짓 하는 모습을 처
처에서 보게 된다. 보시라는 명분을 잘못 이해하여 스스로 복을 짓고도
상(相)을 드러내고 마는 소공덕(小功德)의 법우(法友)들을 전국 어느 곳
에서나 심심치 않게 볼 수 있어 몇 가지만 짚어본다.

　· 기와 불사 돕는다고 아까운 시주금 몇 푼 내놓고 기왓장 한쪽 구석
에 깨알같이 써도 되련만 흰색 페인트로 자신과 가족의 이름을 가로 세
로 명필(?)로 써 놓는 순둥이 법우님들.

　· 법당 안에 놓여 있는 밤색 좌복 위에 꼭 쓰고 싶으면 동일색 수실로
작게 써도 될 텐데 노랑색 수실로 행여 안 보일까, 큼직한 자수 글자로
이름을 새겨놓는 넉살좋은 법우님들.

　· 범종이나 탱화, 법고 등 정 섭섭하면 시주물 뒷면이나 안쪽에 표시
해도 될 것을 굳이 정면 한 켠에 온 가족 이름과 시주 금액까지 써 넣어
두고두고 지켜보기 민망한 안쓰러운 법우님들.

　· 법당 안쪽 한구석에 작은 책상 들여놓고 '○○기도 접수처'라 써 붙
인 것까지는 그래도 이해한다 해도 참배객 참배가 끝나기 바쁘게 이상
한 미소로 호객행위하는 뻔순이 법우님들.

　· 수능시험이나 입시철만 되면 학교 교문의 철창 사이에 촛불이나 떡

어지지 않는 갱엿 붙여놓고 미화요원들 괴롭히고 불교 폄하시키며 철창에 빌어대는 빌순이 법우님들.

• 관광버스 빌려서 '○○사 방생 대법회' 현수막 그럴듯하게 둘러치고 달리는 차 속에서 기도 참선은 어디 가고 술 한 잔씩 걸친 채 마이크 잡고 악쓰며 몸부림하는 오히려 방생당한 법우님들.

• 기도하러 다닌다고 이 절 저 절 떠돌면서 어떤 절은 기도가 잘 되느니, 어떤 절은 안 되느니 공연한 소리 퍼뜨리며 내 스님, 네 스님 구별지어 할 일 없이 떠도는 부평초 같은 법우님들.

• 무거운 물건 싣고 오는 것도 아니면서 등산객 사이에 경적 울려대며 못난 아상(我相) 드러낸 채 가까운 주차장 놔두고 법당 코밑까지 차 끌고 들어온 얼굴 두꺼운 법우님들.

• 십시일반(十匙一飯) 개념 깨고 기와불사, 범종불사 등 큰 시주 했답시고 만심(慢心) 드러낸 채 자신이 먹은 공양그릇 팽개쳐 놓고 스님들 방에서 차 얻어 자시는 왕비마마 법우님들.

• 정법(正法) 공부는 뒷전이고 묘한 절이나 이상한 집 들락거리며 삼재팔난 막는다고 산신기도 드린다며 헛돈 쓰고 다니면서 순진한 불자들 충동하는 푸닥거리 법우님들.

• 봉사단체인 절 집안 신도회 소임도 벼슬이라고 회장, 부회장, 총무, 간사 맡았다고 명함에 새겨넣고 돈놀이, 계모임 등 그 명함 엉뚱한 일에 써먹는 지혜 넘친(?) 법우님들.

• 속가 가정은 뒷전이고 절집 찾아다니면서 볼 것 안 볼 것, 들을 것 안 들을 것, 할 말 안 할 말 다 하고 다니면서 경망(輕妄)함 때문에 손해를 자초하는 안타까운 법우님들.

· 예식장 손님인지 동창회 모임인지, 짙은 화장에 독한 향수 뿌리고 번쩍거리는 귀금속 치장으로 산사에 찾아와 공부하는 스님들 혼 빼놓는 요상한 법우님들.

· 스님들과의 인연 앞세워 떼거리로 몰려와 초사흘 기도, 삼칠일 기도 한답시고 법당이고 요사고 다 점령하여 조용한 사암(寺庵)을 시장바닥으로 만들어 놓는 기차 화통 같은 법우님들.

· 하라는 공부는 딴전이고 스님들 과거에나 관심두어 나이, 직업, 학교, 결혼 심지어 참선 경력까지 조사하여 스님들 고과(考課) 점수 매기며 사리분별 요구하는 수사관 법우님들.

· 큰스님 법명 줄줄이 엮어 자신고의 인연 자랑삼아 팔면서 사찰 시설 무료 임대 요구하고, 한마디 양해도 없이 사찰 입구에 좌판 벌려 장사하는 금테 두른 법우님들.

· 악업 닦고 선업 짓겠다고 사찰에 부목살이, 공양살이 왔다가 함께 사는 불자들과 반목, 불화 조장하고 행사 때마다 슬금슬금 시줏돈 손대는 간이 배 밖으로 나온 법우님들.

· 천진불 스님들을 이상한 호칭으로 오빠, 동생 둘러대고 툭하면 속가로 불러내어 막행막식 권장하며 절집안 휘어잡고, 다른 신도 머리 위에 군림하여 절에 가기 싫게 만들어버린 마구니 같은 법우님들…….

어찌 굳이 이것뿐이랴. 우리들 주변에 다반사로 행해지는 무심한 행동들이 불교를 욕되게 하고 스스로 악업 짓고 내 이웃에 고통을 주는 이와 같은 무공덕 행위들이 나에게는 없었는지 한번쯤 회광반조(廻光返照) 해 보자. '그동안 쌓아온 선업(善業)만 믿고 내게는 업보(業報)가 오지 않으리라 악(惡)을 가볍게 여기지 말라. 물방울이 고이고 고여서 항아리를 채우나니 작은 악이 쌓여서 큰 죄악이 된다' 고 『법구경』에서 우리들은 이미 공부하지 않았던가?

선업 쌓으려고 절에 갔다가 오히려 악업만 늘려놓지 않았는지…….

앞 수레가 넘어지는 것을 보았다면 뒷 수레는 마땅히 경계를 삼으라 하여 '전차복 후차계(前車覆 後車誡)'란 성현들의 말씀을 다시 한 번 살펴볼 일이다.

선방추억(禪房追憶)
A Bamboo Cane for Nirvana (55×34cm) Acrylic on Canvas

불어(佛語)로 깨우치다

대학원에서 '전통디자인 특론'이라는 과목을 강의하면서 학기 도중에 원생(院生)들을 데리고 가끔 사찰이나 유적지를 방문하여 현장견학을 하는 경우가 있다. 전통문양이나 민화적 소재를 현대적 감각으로 풀어 새로운 한국적 디자인 패턴을 완성 '가장 한국적인 것이 가장 세계적인 것'에 연구의 목표를 둔 과목이었다.

그런데 우리 전통문화를 파고 들면 들수록 불교와의 만남은 필연일 수밖에 없다. 국가 지정 문화재 80%의 불교 유산을 배제하고는 논리 자체가 성립이 안 되는데 요즘 신세대들은 아무래도 한자(漢字)에 대한 이해가 깊지 못하다 보니 단어에서 오는 어려움이 많았다.

어느날 해남 미황사를 방문하는 길에 제자들이, "불이문(不二門)이 무슨 뜻입니까?" "장로(長老), 집사(執事), 전도(傳道)라는 말도 불교용어라면서요?" "억불산(億佛山), 삼매봉(三昧峯)도 불교에서 온 지명입니까?" 등을 물어왔다.

나는 웃으면서 지금 우리가 사용하고 있는 생활용어 중 지명(地名)이 되었건 일반 용어가 되었건 한자(漢字)로 기명된 단어의 절반 이상이 불교에서 유래된 것으로 보면 틀림없다고 했더니 매우 놀라면서 구체적

강의를 요구했다.

도구(道具), 출세(出世), 대중(大衆), 소식(消息) 등 일반적으로 널리 사용되는 생활용어와 천년 세월을 그대로 지금껏 사용되고 있는 선정(禪定), 선지식(善知識), 시주(施主), 행자(行者) 등 불교용어를 제외하고 설마 이런 단어들까지 불교용어였던가 다시 한 번 놀라워했다.

원생들에게 미황사 산길을 오르며 아는 대로 노변 강의를 했던 기억이 새로워 혹여 독자들에게도 도움이 될까 하여 생각나는 대로 정리해 본다.

무진장(無盡藏), 불가피(不可避), 장광설(長廣舌), 산화(散華), 성명(聲明), 비명횡사(非命橫死), 아비규환(阿鼻叫喚), 49재(四十九齋), 과거 현재 미래(過去 現在 未來), 제자(弟子), 은사(恩師), 교수(敎授), 기별(記別), 찰나(刹那), 점심(點心), 다반사(茶飯事), 삼매(三昧), 참회(懺悔), 심란(心亂), 말세(末世), 인가 허가(印可 許可), 불가사의(不可思議) 등 셀 수 없이 많을 뿐더러 주로 3음절의 거의 전부와 4음절의 숙어 및 기독교에서 쓰고 있는 장로, 집사, 전도사, 회개(悔改), 예배(禮拜), 복음(福音), 감로(甘露)란 말 또한 불교에서 출발된 단어다.

뿐만 아니라 전국의 지명 몇 가지만 살펴봐도 속리산(俗離), 영취산(靈鷲), 금강산(金剛), 묘향산(妙香), 천불산(千佛), 도솔산(兜率), 만불산(萬佛), 비로봉(毘盧), 반야봉(般若), 보현봉(普賢), 향로봉(香爐), 천왕봉(天王), 미륵봉(彌勒), 관음봉(觀音), 능인폭포(能仁), 불일폭포(佛日), 선경폭포(禪境), 국사골(國師), 탑골(塔), 선방골(禪房), 연화골(蓮花), 가사동(袈裟), 백탑동(百塔), 삼불동(三佛), 불암리(佛庵), 사문리

(沙門), 세지리(世智), 지장리(地藏), 예당리(禮堂), 연지리(蓮池)……
등 오히려 불교와 관계 없는 단어 찾기가 더 어려울 지경이다.

금강산의 경우 1만 2천 봉우리 대부분이 불교 상징인데다 전국 지명에서 소백산 비로봉, 금강산 비로동, 팔공산 비로봉 등 비로봉 명칭만 10여 개에 연화대가 다섯 개씩 중복되는 경우도 있다.

흔히 우리나라 역사를 5천 년으로 보고 그 중 자료 고증에 의한 2천 년의 실록 중 불교는 가히 1천7백 년의 역사다. 그러다보니 학문으로는 유교, 종교로서는 불교를 우리 문화 발전의 양대 기둥으로 보지 않을 수 없다. 그런데 특이한 것은 국가정책에 의해 조선조에서 일제시대까지 불교가 숭유억불 내지는 비하(卑下) 대상이 되었을 때는 단어의 뜻마저 거꾸로 뒤집어 사용한 경우도 적지 않았다.

예를 들어 머리털을 의미하는 번뇌초(煩惱草), 소변보는 화장실을 휴급소(休急所), 시간이 오래 걸리는 화장실은 해우소(解憂所), 담배를 무상초(無常草) 등으로 사용한 것은 그 은어속에 호의와 재치가 보인다 할 수 있다. 또 우리가 날마다 쓰고 있는 면목(面目)이라는 단어가 있다. 부모로부터 태어나기 전부터의 모습(父母未生前 本來面目) 즉 깨달음을 얻었다는 '본래 면목'의 줄임말인데 이것이 세속에 내려와 '면목이 없다, 내 면목 좀 세워 달라' 등으로 사용되어 남에게 드러낼 얼굴, 즉 체면의 뜻으로 쓰여지고 있다.

또 '바라지'라는 말도 원래는 법회를 볼 때 행사를 주관하는 스님을 도와주는 보조 스님을 '바라지 스님'이라 부르는데, 이것이 속가에서는 뒷바라지, 옥바라지 등으로 사용되어진 것은 그래도 유사성을 찾을 수 있어 다행스럽다. 그러나 술[酒]을 표현하는 곡차(穀茶) 정도는 애교

스럽다 할 수 있어도 불가에서 '최상의 지혜'를 뜻하는 반야(般若)라는 단어가 웬일인지 반야탕(般若湯)이 되고 맥주가 포(泡)반야, 양주가 양(洋)반야, 막걸리가 막반야로 쓰이면서 이것이 화투놀이와 짝을 이루어 화엄경 법회(華嚴經 法會)로까지 발전된 것은 어쩐지 씁쓸한 느낌을 준다.

선(禪)의 세계에서 '말로 표현할 길이 끊어진 상태'를 언어도단(言語道斷)이라 한다. 이것은 문자로 표현하지 않고(不立文字) 곧바로 사람의 마음을 가리킨다(直指人心)는 심오한 뜻이, 속가에서는 '말도 되지 않는 소리'로 오해되어 통한다.

선문답(禪問答)이라는 도반끼리 또는 사제간에 주고 받는 법담이 '동문서답'이나 '엉뚱한 말' 쯤으로 변질되어 쓰여진다. 그뿐 아니라 상가에 가서 염불이나 기도 등 장례를 도와주는 스님들의 시다림(尸陀林)이 어느덧 사람을 못살게 구는 '시달림'의 의미로 쓰이는가 하면, 깨달음을 얻은 뒤의 기쁨을 표현하는 도락(道樂)의 의미가 엉뚱하게 '식(食)도락, 색(色)도락' 등으로 쓰인다.

또 큰 행사 시 법당이 좁아 절 마당이나 야외에다 임시 법단을 꾸미는 것을 야단법석(野壇法席)이라 하는데 이 말도 소란스러움의 부정적 의미로 사용되어지고 있다. 참선수행을 중심으로 공부하는 스님을 이판승(理判僧), 주지나 원주 등 절의 행정을 관장하는 스님을 사판승(事判僧)이라 하는데, 이것이 이상한 합성어가 되어 죽기 아니면 까무러치기라는 '이판사판'으로 쓰여지고 있다. 더욱 아쉬운 것은 승단의 조직에서 스승의 자격을 논하는 출가 아사리(阿闍利), 수계 아사리 등의 단어가 전혀 엉뚱한 난장판을 뜻하는 '아사리판'으로 변질되어 있고 '스승님'의 준말인 '스님'이라는 호칭이 '중'으로까지 비하되어 조선조 이후 오늘까지 폄하의 대표적 단어로 쓰여지고 있다.

최소한 식자층만이라도 그 의미를 바르게 알고 써야 될 것이다. 그 모든 것이 불교에 대한 애정 때문이라 한다면 더 할 말은 없겠으나 다분히 폄하하기 위해 의도적으로 쓰여지고 있지는 않는지 한 번쯤 되돌아볼 일이다.

선업, 악업 등 업(業)을 쌓아가는 의미의 작업(作業)이라는 일상언어와 승(僧)과 속(俗)이 둘이 아니라는 불이(不二)의 의미가 신토불이(身土不二)로까지 발전하였다. 또 법고, 운판, 목어, 범종은 불교 행사시 사용되어지는 사물(四物)인데 이것이 쿡, 꽹과리, 장고, 징으로 축소되어 속가 농악의 '사물놀이'가 되었다.

오랫동안 불교 문화와 불교 언어들이 우리 일상에 습합되어진 부분을 일일이 열거한다면 그 다양성의 종류가 산을 이룰 것이다. 요즘 젊은 세대들은 컴퓨터, 디지털, 벤처, 채팅, 모델링, 컨소시엄, 업그레이드, 컨텐츠…… 등 여과 없이 사용되어지는 서양문화에는 그토록 밝을 수 없다. 그러나 자신들이 태어난 이 땅의 전통문화 뿌리나 그 흐름에 대해서는 별 관심 없는 표정에서 국적 있는 교육에 대한 사명감을 더욱 무겁게 느끼게 된다.

백제(百濟)의 혼(魂)

Spirit of Baekje Dynasty
(73×54㎝) Acrylic on Canvas

수필(手筆)과 심필(心筆)

벌써 열반하신 지 십 년도 더 된 성철(性徹) 종정께서 1986년 신년 법어에 "…… 장엄한 법당에는 아멘소리 진동하고, 화려한 교회에는 염불소리 요란하니 검다 희다 시비싸움 꿈 속의 꿈입니다……" 라는 말씀이 있었다. 마음은 항상 그 가르침에 따르고자 '나무, 아멘'을 생각하지만 아무리 노력해도 결코 안 되는 부분이 있었다.

한 10년쯤 전에 경험한 일이다. 필자의 개인작업실에 전문대학 출신의 개신교 신자인 한 아가씨를 소개받았다. 여기 저기 작품들을 가리키며 작업의 내용을 설명하면서 '할 수 있겠느냐' 결정 유무를 물었더니 쾌히 승낙하기에 내심 꽤 트인 아가씨구나 싶어 반가운 마음으로 함께 일하게 되었다.

한 달, 두 달, 그러다 4개월쯤 되던 어느 날이었다.

"선생님, 저는 어려서부터 교회를 다녀 신앙과 믿음에 자신이 있었습니다. 그래서 타 종교미술에 대한 호기심도 있고 해서 시작한 일이었는데 저는 요즘 너무 괴롭습니다. 일주일 내내 부처님 모습 그리다가 수요예배나 일요일날 교회에 나가서는 예수님 모습 떠올리려니 큰 죄를 짓는 것 같아 마음이 무겁고 괴롭습니다. 제가 봐도 제 그림이 이상합니다. 어떻게 해야 할지……."

　사실 필자도 그동안 고민이 많았다. 성격도 밝고 부지런했으며 기초 과정도 비교적 안정되어 있었으나 부처님 모습 그리라 시켜놓으면 영락 없는 예수님을 그려 놓았다. 나름대로 재해석한 단청의 밑그림이나 연 꽃그림은 그런대로 그려냈지만 인물이 중심이 된 부처님 모습이나 불 보살 표현에서는 이상한 형상이 되어버렸다. 분명히 법의와 귓부리, 두 상, 수인 등 외형의 모습은 부처님인데 얼굴의 윤곽, 눈매의 흐름, 손짓 과 표정 등 내면에 감추어진 모습은 예수님을 그려놓는 기묘한 작업이 계속되었다. 몇 번씩 되풀이해서 가르쳐 주고 직접 붓을 들어 교정을 해 주어도 달라지지 않았고, 오히려 진행된 작업을 처음부터 다시 해야 되 는 곤욕을 치르는 일까지 생기게 되었다.

　어느날 망쳐놓은 작품을 놓고 화를 내다가 '앗차! 이건 야단칠 일이 아니구나. 스스로의 심상(心想)에 20여 년 동안 석고가 되어버린 교주 의 이미지를 바꾸라 들볶았던 내 생각이 모자랐구나. 입장을 바꾸어 내 가 이 아가씨였다 해도 결과는 같았을 것이다. 어린 아가씨한테 두 교주 를 섬기라 했으니, 이런……' 이 아가씨를 어떻게 해야 될지 고민하던 차에 그녀가 먼저 말을 꺼낸 것이다.

　이 작업은 결코 단순한 호기심 차원이 아니라 종교가 일치해야만 가 능한 일임을 실감했다는 고백을 듣고 서로가 서로를 이해한 끝에 결별 한 일이 있었다.

　필자는 10호, 20호 크기의 소품과 달리 대작불사를 하거나 법당에 직접 모시게 될 대형 탱화작업을 의뢰받게 되면 기초작업 과정에서 나를 도와줄 제자들을 선별하는데 있어 여간 마음고생이 많은 게 아니다.

쌍사자 석등(石燈) 하나를 그려도 알고 그리면 심필(心筆)이지만, 모르고 그리면 손장난에 불과한 수필(手筆)이다. 석등 상단에 창문이 네 개인 것은 사성제(四聖諦)를 의미하고 하단 지대석이 팔각인 것은 팔정도(八正道)를 의미한다. 사자 한 마리는 입을 벌려 포효하고, 다른 한 마리의 입이 굳게 다문 것은 부처님 가르침의 사자후와 무거운 침묵을 동시에 보여주는 의미를 알고 그려야 한다는 뜻이다.

하물며 수천 수만의 불자들이 그 사찰이 존재하는 한 백년, 천년토록 기도와 예배의 대상이 되는 주제(主題)의 미술인 경우 '역사적 사명의식'을 요구하지 않을 수 없다보니 제자들은 그 무게가 버거워서인지 잘 견디질 못했다.

"…… 지난 밤 늦게까지 술을 마셔 아침 정신이 맑지 못한 사람은 붓을 잡지 말라. 몸이 불편하거나 견딜만 해도, 기분이 꺾이고 속이 상한 일이 있어도 붓을 잡지 말라. 낚시를 가서 물고기를 잡아 살생을 했거나 혹여 사냥터에 동행만 했어도 붓을 잡지 말라.

안 된 부탁이지만 지난밤 이성 친구나 연인과 함께 밤을 지샌 경우엔 그냥 쉬고 출근하지 말라. 작업이 진행되는 동안 음악은 티벳 명상곡, 스님들 예불송, 불교 찬불가 등 외에 다른 음악은 일체 듣지 말라. 작품 위에 올라가 붓을 들었을 때는 반드시 위쪽에서 밑으로 순차적으로 그려야 된다. 좌우상하를 왔다 갔다 하다보면 부득이 불보살의 법안을 발로 밟게 되거나 엉덩이로 깔고 앉게 되는데 절대 있을 수 없는 일이다.

감동과 긍정은 거저 얻어지는 것이 아니다. 여러분 눈에는 작은 실수가 보이지 않지만 닦아진 심안(心眼)에는 피할 수가 없다. 경계하고 또 경계하여 마음을 모으고 또 모아 작가정신의 열정과 무심(無心)의 붓질로 화필삼매(畵筆三昧)로 나아가길 간곡히 당부한다⋯⋯.”

필자는 최소한의 조건이라 생각하고 기본적인 자세를 요구하지만 받아들이는 20~30대 젊은 세대들에겐 이마저도 지키기 어려운 일인듯 싶었다. 만능해결사(?) 컴퓨터를 끼고 사는 디지털 세대의 젊은이들에겐 이 무슨 ‘무영탑 아사달’ 타령인가 할지 몰라도 직접 법당에 걸릴 대형 탱화작업 만큼은 어쩔 수 없는 필자의 고집을 이해해 주길 바랬었다.

한번은 아상(我相)이 강한 제자가 있어 방학 동안 송광사 수련회에 등록을 시켜 주고 일주일만 다녀오라고 보냈더니 입방(入房) 이틀 만에 탈출(?)하여 3년이 지나도록 소식이 없었다. 외롭고 고독함을 느낄 때는 바로 이런 경우였다.

불가에 불망념(不忘念)이라는 단어가 있다. 인생을 걸고 어떤 일을 시작하려고 할 때 최초의 초발심 일념을 불망념이라고 한다. 오욕(五慾)을 물리치고 우주의 진리와 하나되는 대아(大我)의 의지로 입산(入山)을 결심한 수행자의 초심도 불망념에서 시작된다. 그림을 그리기 전에 훗날 그 그림 앞에서 기도와 예배를 드리고 있을 수많은 불제자를 마음 속에 그려보는 화공(畵工)의 초심도 결크 그것과 다르지 않을 것이다.

혜능(慧能) 선사는 당신의 저서 『육조단경(六祖壇經)』에서 이렇게 가르치셨다. ‘일등능제천년암(一燈能除千年暗), 일지능멸만년우(一智能滅萬年愚)’라, 한 등불이 능히 천년의 어둠을 없애고 한 지혜가 능히 만년의 어리석음을 없앤다고 했다. 대선사의 가르침에는 미치지 못할망정 작업(作業)에 임하는 마음자세와 발원만큼은 그래야 한다고 믿는다. 그러다보니 ‘종교화는 손끝의 잔재주로 그리는 수필(手筆)이 아니라 영혼

이 깃든 치열한 비원(悲願)의 심필(心筆)이 되어야 한다' 는 필자 자신의
생각을 안타깝게도 아직은 버릴 수가 없다.

육신에서 배우다

얼마 전 뉴스를 보다가 67세 된 할머니(?)께서 얼굴 성형수술을 일곱 번이나 했는데 부작용으로 고생을 하다가 수술한 병원을 고소하여 손해 배상 6천만 원을 승소한, TV 뉴스에 나올 만한 사건을 보게 되었다. 또 이따금 젊은 여자들이 유방확대 수술 잘못으로 병원이나 의사를 고소하기도 했다. 3년 전 어떤 여자 코미디언은 '살과의 전쟁'에서 성공한 결과를 놓고 살빠진 몸매를 상품화하려다 당사자와 병원이 맞고소한 사건 때문에 조선 팔도가 잠시 시끌벅적하더니 아예 TV화면에서 사라져버린 경우도 있었다.

평(平)에 미(美)를 더하려다 오히려 추(醜)를 얻어 망(亡)에 이르는 이 육신(肉身)의 가치가 도대체 얼마나 되기에 이 소동들일까?

사람의 육신을 어떤 학자가 냉혹하게 계산해 보았다. 성인 한 사람을 기준으로 몸에 지니고 있는 여러 요소를 분해해 본 결과 70% 이상이 물로 된 수분이었다고 한다. 또 지방으로는 비누 6장, 철분으로는 7.6cm 못 한 개, 탄소로는 연필심 백 개, 인산으로는 2천 개비의 성냥 알, 석회로는 책상 서랍 하나 정도 칠할 수 있는 페인트를 만들 수 있다고 했다.

이것의 가치를 남녀노소 모두 합하여 평균치를 내어보니 어처구니 없게도 사람 육신 하나의 가치는 대략 2,700원 쯤 된다고 한다. 이 2,700원짜리 육신이 일생동안 하는 일을 또 평균해 보니 수면시간 24년, 노동시간 14년, TV 시청 10년, 사회활동 4년, 식사시간 3년, 샤워시간 1년, 전화통화 10개월, 화장실 9개월, 성생활 5개월, 그리고 기타 자질구레한 것을 모두 합해 11년, 70세 기준 남녀 평균이 이렇다는 얘기다. 참으로 어이없는 몸값이고 참으로 내놓을 것 없는 행(行)이다.

불교는 이미 몇 천년 전에 육신의 가치를 보잘것 없는 것으로 규정하고 지수화풍(地水火風)이 모여들면 육신이요 흩어지면 티끌이라 하였다. 그래서 결국 육신의 중심으로 버티던 살과 뼈대는 한줌 흙[地]으로 돌아가고, 심장의 유동요소인 피와 물은 한줄기 수분[水]으로 돌아가고, 육신을 덮어주던 따뜻한 체온마저 꺼져가는 불꽃[火]으로 돌아가고, 육신을 움직이던 호흡[氣]의 에너지조차 한 가닥 바람[風]으로 사라져 간다고 예언했을까.

누구나 발버둥쳐봐도 100년을 못 사는 지수화풍 4대(四大)의 뭉침 덩어리가 기껏 하는 일이 생존의 3분의 1은 수면 속에서 보내고 긍정적 노동과 사회활동 20년 하다가 흔적없는 부유(浮遊)로 돌아갈 뿐이다.

그런데 이 보잘것 없는 2,700원짜리 육신을 가꾸고 보존하기 위해 수백, 수천만 원을 들여 깎아내고, 자르고, 빼고, 더하고, 꿰매고, 다듬어서 상품화를 시킨다. 그리고 그 육신을 모시기 위해 식욕, 식탐 등으로 인연지어 남아 도는 에너지는 수면욕(睡眠慾)과 색욕(色慾)으로 흘러가 악업의 기운을 강화시켜 점점 빠져나올 수 없는 윤회고(輪廻苦)를 만드는 것이 사람이다.

참으로 어처구니없는 결과다. 막상 단순 논리로 분해해 놓고 보니 이렇게 허무한 것이 육신이요 인생인 것이다.

　불교 경전 『반야심경』에 오온개공(五蘊皆空)이란 단어가 나온다. 오온이란 물질의 육신인 색(色)온, 감정과 느낌인 수(受)온, 상상과 의혹인 상(想)온, 의지와 능력의 행(行)은, 그리고 분별과 판단하는 식(識)온을 합하여 오온에 이른다. 이러한 요소들이 모여서 구성하고 있는 것이 우리들의 육신과 마음이란 것이다. 이 다섯 가지 모음인 오온이 모두 공(空)하다는 말은 ‘나’라는 존재 자체가 없다는 것인데 무엇을 보태고 뺄 것이 있겠는가. 그래서 불가에서는 이 중생 삶을 그래도 살 만한 가치를 대입시켜 다음생[來生]을 위해 이런 답을 내 놓았다.

　‘이 몇천 원짜리 내부에는 육성(肉聲)과 심성(心聲) 두 가지 소리가 있다. 육성은 정욕의 소리요, 쾌락의 소리요, 물질을 탐하는 악마의 소리지만 심성은 마음의 소리요, 양심의 소리요, 맑고 깨끗함을 원하는 영혼의 소리다. 육성이 심성을 이기지 못하도록, 다시 말해 육신이 마음을 지배하지 못하도록 늘 깨어있게 되면 그 자가 바로 진정한 수행자다’라고 되어 있다.

　불과 몇천 원짜리 육신을 위해 쓰지 않아도 될 돈을 쏟아 붓고 미각에 탐착하고 식탐을 키워 육성의 힘을 강화시키는 일은 결코 권할 일이 못 된다. 금을 캐낸 폐광과 달을 잃은 구름에 지나치게 미련을 두어 결코 과잉보호하고 호사시킬 일이 아니다. 아름다운 영혼은 천 년에 빛나지만 정성들인 육신은 백 년도 못가서 반드시 우리를 배반한다. 알면서도 실천이 어렵기에 중생살이를 고행(苦行)이라 했다던가 …….

팽개쳐진 두려움

겨울 끝자락인 2월말 쯤으로 기억된다.

아직 날씨는 쌀쌀한데 초등학교 5학년에 다니는 동수가 여동생 명희를 데리고 '맑고 향기롭게 광주모임' 사무실을 찾아왔다. 어떤 일인가 물었더니 머루알 같은 눈망울로 "여기서 놀면 안돼요?" 하며 우리들을 번갈아 쳐다보았다.

벌써 3일째 학교가 끝나면 이곳으로 와버린다. 집에 가봐야 아무도 없다는 것을 뻔히 아는 우리는 못 오게 할 수도 없었다.

지난 가을 우연히 시내 초등학교 교감으로 있는 친구를 통해 결손 아동들 때문에 큰 문제라고 고민하는 것을 보고 그 실태를 물었더니 "우리 시절에는 6·25 동란 뒷끝이라 전쟁 고아들이 많았지만 지금은 IMF 이후 결식(缺食)이 아니라 결손(缺損) 아동들이 한 반에 평균 5, 6명 꼴이다" 라는 말을 듣고 상당한 충격을 받았다. 부모가 이혼한 편부 편모의 아동들까지 합하면 숫자는 그 배가 된다고 한다. 평소 결손 노인문제는 늘 염두에 두었고 결손 아동들 또한 알고는 있었지만 이렇게 심각할 줄은 미처 생각지 못했다.

평상시는 그래도 학교에 나가지만 방학이 되면 결손 아동들은 갈 곳이 없다는 말을 듣고 자원활동자와 운영위원들을 설득하여 겨울방학 한 달 만이라도 도움을 줘 보자 하여 친구에게 연락했더니 무척 고마워하면서 이틀만에 30여 명을 데려왔다.

비좁은 사무실은 갑자기 심훈 선생의 '뽕나무와 아이들'이 되어 버렸다. 한쪽에서는 도시락 일백 개씩 준비하고 한쪽에서는 고삐 풀어진 송아지들 운동장이 되어 난장판이 따로 없었다. 30여 평 사무실로는 감당하기가 벅차 고학년 저학년으로 나누고 오전반 오후반으로 또 나누고, 국어 산수 등 뒤쳐진 학습지도, 문학서적 읽히고 독후감 써오기, 어린이대공원 현장실습, 민속박물관, 사찰 견학 등 한 달이 어떻게 갔는지 정신없이 보냈다. 아이들은 너무도 좋아했고 방학이 끝나 개학을 했는데도 오후가 되면 동수 남매처럼 이곳으로 다시 오는 아이들 때문에 마음이 아팠다.

깊은 생각과 계획도 없이 '결손 아동 방학지도'에 덤볐다가 일회용으로 끝낼 수밖에 없었던 경솔함을 몹시 후회했고, 자금과 시설이 턱없이 부족한 우리들의 처지에 스스로 화가 나기도 했다. 돈 벌어 오마고 엄마 아빠가 교대로 집을 나가 몇 달, 몇 년째 소식이 없는 무책임한 부모들 때문에 멍들어가는 어린 가슴들이 전국적으로 어디 한둘이겠는가? 결손 아동뿐만 아니라 결손 노인들 문제도 보통 심각한 것이 아니다. 몇 년째 '장애우 노인 도시락' 일을 하면서 체험한 일이지만 천차만별로 버려진 노인들의 실상을 지켜보면 차마 목불인견(目不忍見)이 한두 건이 아니다.

녹내장으로 시력을 잃은 홀어머니를 팽개치고 몇 년째 소식이 없는 경우, 치매노인 버려둔 채 돈 벌어 오마고 집 나간 남편 찾아오겠다고 또 며느리까지 나가버린 경우, 외국 유학을 간 지 10년이 넘어 아예 그 땅에 눌러 살면서도 편지 한 장 없는 경우도 있었다. 교통사고를 당해 병원에 입원해 있는 아버지 병간호하다 말고 온 가족이 이사 가버린 경우, 호적을 그대로 두어 노부부 '생활보호대상자' 혜택도 못 받게 해 놓고 해외로 도피성 이민을 가버린 후레자식들이 산을 이룬다.

떠나가는 자식들도 그 나름의 괴로운 이유야 있겠지만 산(山)에다 버려야만 고려장이 아니라 늙고 병든 부모를 버려둔 채 젊은 몸이 빠져 나가는 현대판 고려장을 지켜보면서 사람의 도리가 어디서 어디까지일까를 이따금씩 생각해 본다. 우리들의 바로 이웃에 집을 나간 아들, 며느리, 엄마, 아빠들 때문에 황혼의 고독과 상실의 아픔으로 인한 팽개쳐진 두려움은 누가 책임져야 하는가.

부성애(父性愛)가 없는 집안은 저항과 반란의 씨앗이 되고 모성애(母性愛)가 없는 가정은 증오와 원망의 씨앗이 된다고 배웠다. 또 부모은중경에 설해진 내용 속에도 아버지는 자은(慈恩)이요 어머니는 비은(悲恩)이라 했다. 어린 시절 어머니의 가슴에서 잠들고, 어머니 무릎에서 놀고, 어머니 젖으로 성장한 후 아버지 회초리 속에서 예절을 배우고, 아버지 근엄에서 이성을 다듬고, 아버지 눈빛을 통해 세상을 배웠건만……

자기 부모에게 불효하고 자기 자식에게 무책임하여 사람이 지켜야 할 근본도리(根本道理)를 저버린 사람들이 행여 예수님 부처님 팔고 다니면서 신의 사랑과 신의 자비를 농단한 자들이 있다면 종교가 말하는 지옥계는 바로 그 사람들의 내생처에 다름아닐 것이다.

불자들은 흔히 상구보리 하화중생(上求菩提 下化衆生)을 말한다. 정혜쌍수(定慧雙修) 가르침이 상구보리라 한다면 하화중생은 대자비심(大慈悲心)이라 할 것이다. 세존께서 왕자의 신분을 걷어차고 평생을 구걸하고 빌어먹으며 살았던 의미를 바웠으면서도 가난하고 고독하고 병든 자를 외면하고서 스스로 참 불자라 말할 수 있는가 자성해 보자. 하화중생을 먼저 실천하면서 상구보리로 가야 함을 필자는 지금 감히 말하고 있는 것이다.

사 모(師慕)
Missing Teacher
(53×34㎝) Acrylic on Canvas

불교 따라 배우기

스님들께서 공양 하기 전에 외우는 오관게(五觀偈)라는 게송이 있다.

" • 이 음식이 어디서 왔는가?   • 내 덕행으로 받기가 부끄럽네

• 마음에 온갖 욕심 다 버리고   • 육신을 지탱하는 약으로 알아

• 도업(道業)을 이루고자 이 공양을 받습니다."

대강 이런 내용이다.

『밀린다왕문경』 57장에도 "승려들은 육신을 지탱하기 위해 음식을 감지할 뿐 결코 탐착하지 않는다"고 문답하듯이 공부를 이어가기 위해 음식을 집어넣을 뿐이지 결코 식도락(食道樂)하는 것이 아니라는 의미이다.

이 음식이 어떻게 내 입에까지 왔는가를 생각하고 또 육신을 지탱해 주는 약이라 생각할 뿐이다. 그러다보니 공양이 끝날 무렵 김치나 무쪽으로 밥그릇을 깨끗이 닦고 난 찌꺼기를 후루룩 마셔버리는데 이 물을 절정수라 한다. 스님들은 공양 후 그릇 주변에 남아있는 찌꺼기도 조금 전에 먹은 음식물과 동일하게 생각하기에 닦아서 마셔 버리지만 일반 사람들은 그것을 설거지 물로 분별하기 때문에 이 부분을 비불자들은 잘 이해하지 못한다.

옛날 한 처녀가 어떤 스님을 사모하여 애간장을 태우다가 이 물 마시

는 것을 보고 '에그, 더러워!' 하며 정이 뚝 떨어져 돌아섰다 해서 절정수(絕情水)라는 고사가 생겨났다고 한다.

사찰의 스님들이 쌀 한 톨, 배추잎 하나를 끔직이 아끼는 것은 오관게 내용에서도 알 수 있듯이 사찰의 모든 살림은 거의 대부분 불자들의 보시물(布施物)로 이루어져 있다. 그러기에 스님들 머릿속에는 항상 '우리들 공부를 돕기 위해 속가의 불자들이 얼마나 많은 수고를 하고 계시는가' 하는 생각으로 뭉쳐있는 것이 불가의 전통이며 승가 생활규범의 출발이다. 때문에 깊은 산 암자에서 채소를 씻다가 잘못 떠내려간 배추잎 하나를 다시 줍기 위해 개울물 다라 십리 계곡을 내려온다는 청정한 스님들을 그래서 배우고 존경하게 되는 것이다.

또 불가에 '일미(一米) 칠근(七斤)'이라는 말이 있다. 쌀 한톨 만드는데 88번(米)의 손길이 간다는 것을 잘 아는 스님들이기에 쌀 한톨의 무게를 일곱근으로 보는 것이다. 어디 음식뿐이랴. 기워 입고 또 기워 입어 누더기 같은 분소의 한 벌로 평생을 살고, 고무신 한 켤레를 바닥이 다 드러날 때까지, 연필 한 자루, 초 한 자루도 아끼고 아껴서 사찰의 쓰레기통에는 별로 버릴 것이 없다. 그것을 보고 그대로 배운 일천만 불자들은 음식 쓰레기로 연간 14조 7천억 원이 낭비되고 있다 하면 잘 이해하지 못할 것이다.

자연환경의 핵심은 물, 공기, 쓰레기다. 그래서 자연을 보존하자는 환경논리와 경제를 위한 개발 논리는 늘 대립각을 세운 갈등관계일 수밖에 없는 것이 오늘의 현실이다. 다소의 생활 편리와 경제적 계산만 추구하다 보니 멀쩡한 산과 바다를 깎고, 자르고, 뚫고, 토막 내고, 물길을 돌리곤 한다. 그러다 결국 자연의 분노를 가중시켜 해마다 그 피해는

곱으로 늘어나 끝내는 물, 공기, 쓰레기로 금수강산이 아닌 오염강산을 후손들에게 물려 줄 수밖에 없는 상황에까지 내몰리게 되었다.

우리나라뿐만 아니라 세계적으로 우리나라 남북한 면적의 산림(山林)이 경제발전이라는 구실 속에 해마다 사라져 가 점차 산소공급의 심각성을 드러내고 있다.

『화엄경』약찬게 편에 보면 인간이나 동물뿐만 아니라 산(山)도 살아있고, 나무[木]도 살아있어 삼라만상 모든 일체가 다 살아있는 존재라고 가르친다. 또 불교에 제법실상(諸法實相)이라는 말이 있다. 사전적 의미에서 본다면 실상이란 '실제의 모양'을 뜻하고 반대되는 개념은 허상(虛相)이라 할 수 있다. 제법실상이란 『법화경』과 천태교화의 핵심사상이며, 또다른 의미로 만유(萬有)의 진상(眞相)을 의미한다. 따라서 모든 존재의 '참모습, 있는 그대로의 현상, 진실된 본성'을 뜻한다.

이것이 어찌 사람의 생각에만 적용되겠는가. 자연과 대지의 모습도, 시간과 공간의 개념까지도 모두를 동일하게 하나로 보는 것이 불교관이다. 그래서 멀쩡한 산에 굴을 뚫거나, 골프장 만든다고 산을 허물거나 바닷길을 막아서 갯벌을 죽인다면 불교 쪽에서 머리띠 두르고 드러눕는 이유가 여기에 있다. 조금 불편하더라도 있는 그대로의 자연(自然)에 순응하고, 자연에 적응하면서, 아끼고 또 아끼고, 덜 쓰고 덜 버려서 쓰레기를 줄여가는 평범한 삶…… 경제적 상승 곡선만이 결코 행복 조건이 아니다.

국민소득 500불도 못 되는, 세계에서 가장 어려운 비아프라, 네팔, 방글데시, 부탄 같은 나라 사람들의 '행복지수'가 국민소득 3만불이 넘는 미국이나 일본보다 훨씬 높다는 것은 무엇을 의미할까? 소욕지족

안빈낙도(少欲知足 安貧樂道)의 불교 철학을 정부(政府)의 힘으로 조금
만 국민들에게 강제(?)해 본다면 그 결과는 지금보다 훨씬 깨끗한 환경
속에서 알뜰하게 살 수 있으리라는 순진한 생각을 혼자 해 본다.

피안(彼岸)의 길목
At the Corner of the way to Nirvana
(53×41㎝) Acrylic on Canvas

영국 황실 소속의 호화 유람선 브리태니커호가 있었다. 주로 영국 국왕이나 왕족 귀족들이 애용하는 요트라서 그 위용과 시설뿐 아니라 선원들의 자부심과 자존심도 대단했었다.

어느 날 밤 영국 해협을 항해하고 있던 브리태니커호 앞에 무엄하게도 정체불명의 불빛이 다가오고 있었다. 밤안개가 드리워져 다소 시야가 불투명하다고는 하나 왕족들의 망중한을 방해하는 불빛을 그냥 보고만 있을 수 없어 선장은 마이크를 들고 큰 소리로 외쳤다.

"비켜라! 여기는 거룩한 영국 황실의 브리태니커호다! 길을 비켜라!"

그러나 그 불빛은 아랑곳 하지 않고 계속 다가오고 있었다. 마스터에서 선장은 다시 소리를 질렀다.

"안 들리는가! 여기는 영국 황족들이 타고 계시는 브리태니커호다! 길을 열지 못 할까!"

그러나 불빛은 더욱 가까이 다가오고 마침내 충돌할 상황까지 되어 화가 난 선장은 스피커 볼륨을 최대한 높여 고함을 질렀다.

"이 미친 놈들아! 빨리 길을 비키지 못할까! 여기는 대영제국 황실 요트 브리태니커호다! 너희들이 감히 우리와 맞서겠다는 거냐! 살고 싶거든 빨리 길을 비켜라!"

마침내 저쪽 불빛 쪽에서도 큰 소리로 응답이 왔다.

"이 미친놈아! 누구보고 길을 비키라는 거냐! 여기는 등대다!"

"······."

손풍남 선생이 쓴 '이야기 채근담' 속에 있는 내용으로 영국에서 전해진 농담이지만 시사하는 바가 있어 옮겨 보았다.

진정 길을 비켜야 할 대상은 누구였을까? 황실의 배라는 교만과 자존심, 양보와 겸손을 모르는 무례한 브리태니커호의 선원들이 영국에만 있을까? 내 자신을 비롯한 우리의 주변을 한 번 돌아보자. 나는 얼마나 겸손하고, 하심하며, 예의를 갖추고, 양보하며, 상대방 입장에서 생각하는 삶을 살고 있는지 자신의 내면을 조용히 들여다 보자.

필자는 오랜 교단 생활을 하면서 이따금 제자들에게 어줍지 않은 단어를 만들어 '49 즉 51'이라는 숫자의 의미를 설명해 주곤 한다. 이 숫자는 우리네 어른들이 항상 '네가 조금 손해 보거라. 져 주는 것이 이기는 거란다' 와 같은 뜻을 요즘 세대에 맞게 숫자화한 것에 다름 아니다.

우리 사회가 점점 아날로그 세대에서 디지털 세대로 넘어가면서 정신중심의 주관적 사회에서 물질중심의 객관적 사회로 변해가는, 그래서 속도감(速度感)을 얻는 대신 상실감(喪失感)을 체감하는 이양기 시대에 살고 있는 듯하다. 세상살이가 따뜻한 가슴으로 살기보다는 냉혹한 머리로 살게 되면서 성취욕망과 신분상승을 목표로 뛰다 보니 사회 곳곳에서 '내가 51을 갖고 네가 49를 가져야 한다' 는 자기중심적 공격형 사고에 매달리게 되었다는 의미다.

100이라는 숫자를 기본으로 내가 0이고 그대에게 100이라고 생각하는 것이 신(神)들의 세계일 것이다. 또 흔히 인류의 스승이라고 보는 20세기 인물로 마하트마 간디, 알버트 슈바이쳐, 성 테레사 수녀 등이 '내가 1 그대가 99' 쯤 되는 삶을 살았다고 가정할 수 있을 것이다.

그렇다면 우리네 보통 사람들은 너와 나 사이에 52대 48도 아닌 오직 하나, 단 하나 정도 그대에게 주면서 베풀고 사는 51대 49의 삶을 말하는 것이다. 내가 조금 양보하고, 내가 조금 겸손하고, 내가 조금 손해보고, 내가 조금 수고하고, 내가 조금 인내하는 이 '조금' 이라는 단어와 가까워지자는 의미이다.

내가 49를 갖고 그대에게 주는 것을 51로 연습하면 그곳에 평화, 우정, 감사, 자비, 화해, 사랑이 돌아오고 내가 51을 고집하고 상대에게 49를 연습하면 그곳에 갈등, 배신, 미움, 분노, 실망, 보복이 돌아오는 것이 세상의 이치다. 바로 어른들이 말하는 '지는 것이 이기는 것' 이라는 지혜가 그것이며, 49대(對) 51의 실천은 49 즉(卽) 51이 되어 내게로 되돌아온다. 분명 내가 손해인 듯 싶지만 그것에 오랜 습(習)을 붙여 자꾸 연습하다 보면 오히려 덕(德)이라는 친구까지 데리고 오는 더 큰 득(得)이 따라오는데도 그것을 모르고 사는 사람들이 의외로 많다.

가슴으로 느끼고 마음으로 전해오는 미지근한 것보다는 내 눈으로 확인하고 내 손에 쥐어봐서 화끈하게 전달되는 것만 인정하다 보니 사람들의 마음이 갈수록 여유와 넓이를 잃어버린 인스턴트가 되어가지 않나 싶다. 스페인 속담에 '명예와 거울은 사소한 입김으로도 흐려진다' 는 말이 있다. 명예란 무엇인가? 이름 석자와 체면에 해당되는 평판일 뿐이다.

그래서 불교에서는 이렇게 말한다. 죽어 내생에 들어 명경대 앞에 서면 금생에 쌓아올린 출신, 명예, 지위, 체면, 자존심 등으로 판결하지 않고 오로지 업(業)에 의해서만 행해진다고 되어 있다. 내가 49를 갖고 그대에게 51을 주겠다는 그 마음의 출발이 선업(善業)의 시작이다.

지목행족(知目行足), 눈으로 알았으면 발로 행해야 한다. 선(善)의 마음에 행(行)이 따라야 덕(德)이 되는 이치를 깊게 관조해 볼 일이다.

초하서정(初夏抒情)
Sentimental Summer (53×41㎝) Acrylic on Canvas

발원무(發願舞)

Dance for wish (55×34㎝) Acrylic on Canvas

천년(千年)의 미소(微笑)

Millenarian Smile (48×48㎝) Acrylic on Canvas

노송야화(老松夜話)
Pine Trees in Moonlight (55×34㎝) Acrylic on Canvas

천년(千年)의 소망(所望)
Millenarian wish (65×65㎝) Acrylic on Canvas

피안청심(彼岸淸心)
Clear & Fragrant (53×41㎝) Acrylic on Canvas

월광정심(月光淨心)

A Pure Mind Like Moonlight (117×73cm) Acrylic on Canvas

피안망심(彼岸望心)
Longing for Nirvana (53×33cm) Acrylic on Canvas

무심화(無心花)
Flowers out of The world (73×54㎝) Acrylic on Canvas

정견의 교훈

필자의 가정은 외가쪽이 대물린 가톨릭 집안이다. 그러다보니 자연 부모님, 5남매인 형제들, 조카들까지 모두가 그 쪽 종교이고 필자만 무엇이 잘못(?)됐는지 유일하게 불고인 입장이다. 그러나 우리 집안에서 종교 때문에 부모 형제간에 불화가 일어난 일은 단 한번도 없었다.

서로 상대방 종교를 존중해 주고 인정해 버리면 간단한 일을 종교 때문에 우정이 갈리고, 집안끼리 담을 쌓고, 사람이 떠나가는 일은 매우 안타깝고 마음 아픈 일이다.

작년 봄 '새만금 간척사업 반대'를 위한 삼보일배의 모습에서 이희운 목사, 김경일 원불교 교무, 문규현 신부, 수경 스님의 처절한 고행은 그 사업에 대한 찬반 유무를 떠나 '종교가 하나되는 모습'으로, 눈물겹도록 아름다웠다. 그러나 그때 십자가를 메고 함께 했던 이희운 목사는 지금 이 땅에 없다. '목사가 중 꼬붕 노릇이나 하는 거냐'는 식의 저질 비난으로 '왕따'를 당해 제3세계로 선교사업을 떠날 수밖에 없었다. 결코 상대를 인정해 주지 않는 이 땅의 척박한 맹목(盲目)과 광신(狂信) 앞에서는 더 할 말을 잃게 된다.

길상사 개원 법회 때 기꺼이 초청에 응해 준 김수환 추기경의 당당한 자세와 불상 앞에서 축사를 읽는 감동적인 모습에 불자들은 우레와 같은 박수를 보냈다. 명동성당 백주년 기념에 초청되어 십자가 앞에서 '이런 사람을 이런 고귀한 자리에 서게 해 주신 천주님의 뜻에 감사드린다'는 법정 스님의 말에 환호와 박수를 보낸 그 마음들을 살려가야 한다.

요즘 자주 볼 수 있는 모습 중의 하나가 4월 초파일, 교회나 성당 입구에 '부처님오신날을 경축합니다'라는 현수막과 12월 중순이면 '아기 예수님 탄생을 축하합니다'라는 현수막을 내 거는 사찰이 점점 늘어나고 있는 모습은 잔잔한 감동으로 다가온다.

노사가 갈리고, 영호남이 갈리고, 남북한이 갈리고 동서양이 갈리는 이 모든 갈등의 골을 메꾸는 시발점은 종교일 수밖에 없다.

종교학자 피터 버거는 세계의 종교를 '예루살렘 형과 베나레스 형'으로, 또는 '초월성의 종교와 내재성의 종교'로 구분된다고 보았다. 그는 절대타자(絕對他者)에 대한 인간 밖의 신(神)적 존재가 기초가 된 기독교 및 이슬람 유형과, 자기수행(自己修行)과 훈련을 통한 주객(主客)의 관념이 없는 일원적 세계를 기초로 한 불교 및 힌두교 유형으로 구분하여 세계 5천여 종교를 크게 두 종류로 정의할 수 있다고 말하고 있다.

'서로 다름을 인정하는 마음'에서부터 출발해야 한다. 자기와 친숙하고 낯익은 관점만 정의며 올바름의 영역이고, 자기와 다르고 낯선 대상은 부정과 거짓의 영역으로 몰고 간다면 결코 상대를 인정하지 않겠다는 편견과 독선에 다름 아니다. 마치 서남 아시아를 여행하고 돌아온 사람이 '지저분한 녀석들, 밥을 손가락으로 먹더라'고 해 버리면 '숟가락 문화' 잣대로 '손가락 문화'를 재단해 버리는 경우와 다를 바 없다. 그 쪽 시각에서 보면 숟가락이야말로 365일 이 사람 저 사람이 함께 쓰고, 식당의 숟가락이라면 수천, 수 만명이 서로 다른 입 속을 들락거리는 오히려 우리가 지저분한 문화로 취급될 수도 있는 것이다.

그 지역의 자연, 기후, 풍토, 역사, 문화, 생활 등을 들여다 보면 그럴 수밖에 없는 과학이 내재되어 있다. 에베레스트 정상에 오르는 길은 중국 쪽에서도 티베트, 인도, 네팔, 부탄 쪽에서도 올라갈 수 있는데 굳이 오직 한 길만 고집하고 주장하는 사람들 때문에 지구가 편할 날이 없게 된 것이다.

이슬람 교도들은 서로 인사할 때 보면 '살람 알레쿰(Salam alakem)'이라고 한다. '알라의 평화가 그대에게' 라는 뜻이다. 우리는 언제부터인가 '코란이 아니면 칼을 받아라' 는 무지막지한 사막의 열등 민족쯤으로 배워왔지만, 코란 2장 257절에 '종교에 강제란 있을 수 없다' 고 못이 박혀 있다. 이슬람 문화가 비잔틴 문화에 자극을 주어 르네상스 문화가 도래했음은 역사가 증명하고 있음에도 사라센 문화를 기껏 '알리바바와 40인의 도적' 쯤으로 취급하는 굴절된 시각으로는 정견(正見)을 가질 수 없다.

힌두교를 바라보는 시각도 마찬가지다. '소(牛)에게 절하는 미개한 원시종교' 쯤으로 취급해 버린다면 참으로 무지한 시각이다. 전 세계 65억 인구 중에 10억의 인구가 이 종교를 믿는 세계 4대 종교 중의 하나이며, 지구상 어떤 종교보다 가장 오랜 역사를 가진 B.C. 4천년 전부터 시작된 종교다. 베다(Veda)의 경전 23장에서 40장에 이르기까지 『바가바드 기타(Bhagavad Gita)』에 수록된 주옥과 같은 서사시를 단 한번도 읽어보지 않고 '관용과 공존의 종교' 를 함부로 훼손할 일은 결코 아니다.

자기와 다른 종교의 모습에 두려움과 위협을 느끼거나 까닭 없는 냉대와 조소로 스스로의 담을 높이 쌓아 자신의 신앙에만 안주해 버리는 소극적 사고나 방어적 공격성은 비판받아 마땅하다. '정중지와 불지대해(井中之蛙 不知大海)'라 했다. 우물 속의 개구리한테 아무리 바다를 설명해 줘도 알아듣지 못하는 맹신과 광신의 무지가 존재하는 한 우리네 삶은 갈등과 증오를 불러올 수밖에 없다.

부처님 가르침에 팔정도(八正道)란 부분이 있다. 정견(正見), 즉 편견 없는 바른 견해를 시작으로 정견이 되어야 바른 사고인 정사유(正思惟)가 되고, 바른 말인 정어(正語)가 되며, 바른 행동인 정업(正業)이 되고, 바른 생활인 정명(正命)이 되며, 깨달음을 향한 노력의 정정진(正精進), 바른 생각의 정념(正念), 바른 수행의 정정(正定)을 할 수 있다고 가르친다.

윗 단추 하나 잘못 채우면 그 밑 전체가 잘못 채워지듯이 정견이 바로 서지 못하면 모두가 빗나가고 만다. 팔정도의 첫번째인 정견이야말로 따뜻한 가슴, 열린 마음으로 내가 기독교 신자로서, 불교 신자로서 과연 그 가르침대로 살아가고 있는지, 사랑과 자비의 단어를 혹여 잃어버리지는 않았는지……

정견(正見)의 마음에서는 모든 종교가 이웃이다.

인욕을 배우다

화성 자제정사 법화금련도(法華金蓮圖) 작업 도중 예전에 경험하지 못 했던 또다른 의미의 인욕바라밀을 배우게 되었다.

3년 전 여름 어느날이었다. 학교에서 회의를 하고 있는데 다급한 전화가 걸려왔다.

"선생님, 큰일 났어요. 빨리 오셔야 할 것 같습니다."

"무슨 일인데 호들갑이야. 천천히 차분하게 말해 봐."

"빗물이 창가나 벽쪽에서만 스며든 게 아니고 천정 한가운데서 뚝 뚝 떨어져 작품을 다 망쳐놨단 말입니다."

제자의 목소리는 하소연 반 울음 반이었다. 나도 순간 예민해졌다.

"방수작업 끝낸 지가 언젠데, 빗물이 작품 위로 바로 떨어졌단 얘기야? 뭐야?"

"그렇다니까요. 피스 작업 끝내 놓은 하늘 배경은 말할 것 없고 하단 부분 연꽃들 위에까지 온통 물범벅으로……"

제자는 말을 잇지 못하고 울먹거렸다. 순간 아득함을 느꼈다.

회의가 끝나자마자 쫓아가 보았더니 여기저기 떨어지는 물방울만 쳐다보며 넋을 잃고 앉아있던 제자들이 우루루 몰려오면서 '어떻게 해야 좋으냐’고 발을 동동 구르며 울고 있는 아이도 있었다. 현장을 확인하는 순간 나도 모르게 ‘아이구, 관세음보살님’ 소리가 절로 새어 나왔다.

여기까지 오는데 얼마나 마음고생을 했던가. 겨우 밑그림 완성해 놓고 본격적으로 실사작업에 들어가기 직전, 이번에는 장마비가 앞길을 막았다. 지난 두 달 동안 아크릴 물감을 최대한 정제(精製)시켜 커다란 물통 십여 개에 물감을 풀어놓고 ‘동이 터오는 여명’을 표현키 위해 얼마나 심혈을 기울였던가. 붓터치로 그리지 않고 컴프레셔를 가동시켜 피스로 하는 작업은 마스크를 이중 삼중으로 쓰고 하지만 날리는 분말로 한 시간만 작업 해도 코와 목이 막힌다.

또 피스와 화면과의 거리를 20㎝ 전후로 유지하기 위해 허리를 기역자로 꺾어 하루종일 일하기 때문에 오후가 되면 허리를 똑바로 펴기조차 힘들고 잠자리에서도 끙끙 앓게 된다. 그 고생 끝에 42m나 되는 하늘 배경을 원만하게 얻고 나서 모두들 행복해 했는데 그만 물벼락을 맞은 것이다.

물방울이 떨어진 부분과 물에 맞지 않은 부분의 색 차이가 확연히 달라 도저히 수정이 불가능하다. 1년 넘게 해 놓은 4m가 아닌, 42m 전부를 처음부터 다시 시작해야 할 판이다. 끓어오르는 분노심을 견딜 수가 없었다. 이럴 때면 거칠어진 속뜰 때문에 공연히 곁에 있는 사람들에게 화풀이를 하게 된다. 오늘은 작업을 쉬기로 하고 제자들을 그냥 돌려 보냈다. 덩그러니 혼자 남은 연구실에서 분노심을 삭히려고 보왕삼매론을 끝없이 염하고 있었다.

오직 ‘법화금련도’ 한 점을 제작하기 위해 넓은 공간이 필요해서 이곳으로 이사를 왔으나 이 건물은 처음부터 내 속을 썩혔다. 본래 2층

90평 건물을 3층으로 증축하여 필자에게 전세를 주었는데 증축공사가 얼마나 부실했던지 여름 장마는 고사하고 봄가을 가벼운 빗줄기에도 사방 벽에 물이 스며들었다. 건물 주인에게 여러 번 말하고 현장을 보여주기도 했고 방수공사 하러 온 사람들에게도 간곡히 당부해 보았으나 '도로변 증축건물은 어쩔 수 없다'는 무책임한 답변만 돌아올 뿐이었다. 이번에는 큰 마음 먹고 내 돈 들여 내가 아는 설비회사에 일을 시켜보았으나 결과는 또 이 지경이 되고 말았다.

　필자는 물건 정리, 문 단속, 신발 정리 등을 마음 단속으로 연결지어 생각하는 습이 있어 아무 곳에나 던져진 옷가지며 흩어져 있는 책들을 보면 잘 견디지 못한다. 반드시 물건은 놓일 자리에 놓고 사는 것이 바른 생활, 바른 행동, 바른 말로 이어진다는 내 나름의 팔정도(八正道)에 대한 질서의식을 가지고 있기에 지금 이 모습은 나를 진심(瞋心)의 수렁으로 밀어넣고 있었다.

　연구실 사방에는 20여 개의 바가지나 물통이 빗물을 받느라 형형색색 뒤엉켜 있고 주방으로 쓰는 쪽은 벽을 타고 내려오는 빗물 때문에 턱을 만들어 아예 방치해 두었다가 오전 오후 하루에 두 번씩 고인 물을 퍼내야 한다. 사방 벽은 물기와 습기로 범벅이 되어 검푸른 곰팡이가 시절인연 만난 듯 빠삐용 감옥이 따로 없다. 그리고 지난 두 달 동안 고생 끝에 얻은 '여명의 하늘'은 물 속에 잠겨 있는데 아래층 노래방에서는 아직 해도 지기 전에 '남자는 배 여자는 항구'가 합창으로 들려온다. 전라도 토속어에 '환장(換腸)한다'는 말이 있는데 자꾸만 그 말이 생각났다.

　더이상 이사 다니는 것도 지겨워 이곳에서 정년퇴직 때까지 버틸 심산이었는데 하루 이틀도, 일 년 이 년도 아닌 현실 앞에 무신경으로 일관하는 집주인에 대한 끓어오르는 분노심은 악심으로 변해가고 있었다.

『정법염처경』에 이런 말씀이 있다. '득낙심불희 우고즉불우(得樂心不喜 遇苦卽不憂) 우희심평등 여시명비구(憂喜心平等 如是名比丘)'라 하여 편안타고 기뻐 말고 괴롭다고 근심치 말라, 기쁘고 괴로운 그 마음이 평등해지면 그 이름 비구(승려)로서 인천(人天)의 사표라고 되어 있다. 탐진치(貪瞋痴) 삼독이 완전히 떨어지면 그 자리가 성불처(成佛處)라고도 했다.

돌이켜 생각해보면 그때 그 시절 평상심을 잃지 않으려고 무던히도 속을 끓였던 그 분노심을 어떻게 이겨냈는지, 인욕바라밀의 값진 교훈은 아직도 내 마음 속에 하나의 씨앗으로 살아있지만 결코 두 번은 경험하고 싶지 않는 추억이었다.

허전한 계미년

80이 넘은 노스님이 한 분 계셨다.

밖에 출타하거나 초청 법회가 있어 모시러 가겠다고 연락을 드리면 절대로 못 오게 했다. 이유는 "나는 늙은이니까 괜찮지만 바쁜 젊은 사람들이 시간 낭비해서는 안 된다" 하시며 털털거리는 시골 버스를 타고 혼자 오시곤 했다.

"이제 연세도 있고 하니 밖에 나가실 때는 시자를 데리고 다니시지요" 하고 권하면 또 이렇게 말씀하셨다.

"세상 다 버리고 공부하겠다고 출가한 사람을 내가 심부름이나 시키고 나만 편하자고 데리고 다녀야 쓰겠는가" 하셨다.

이따금 공양 드릴 때 몸에 좋다는 음식이 올라가면 "고목(古木)에 비료 줘 봐야 무슨 필요 있겠냐? 너희들이나 먹어라" 하고 사양하셨다. 그러나 어쩌다 공양간 소임을 보던 젊은 스님이 지겹도록 먹은 나물 반찬 남은 것을 몰래 땅에 파묻었다가 노장님께 들켜서 불호령과 함께 다시 파내어 끝까지 같이 드신 적도 있었다고 한다.

혹여 빈 방에 전등이라도 켜 놓은 것을 발견하시면 "너희 아버지가 한전 사장이라도 되느냐? 모든 것이 다 시주의 은혜로 충당하는 것인데 시주자가 아까운 돈 절에 갖다 주는 것은 스님들 공부하라고 준 것이거늘 왜 쓸데없이 낭비하느냐!"고 불호령이 떨어지곤 했다고 노장님의 제자 스님들에게 들은 바가 있다.

이 노스님께서 작년 3월에 세수 87세로 열반하셨다. 제자들이 마지막 가시는 길에 이렇게 여쭈었다. "스님께서 입적하시고 나서 사람들이 열반송(涅槃頌)을 물으면 어떻게 답할까요?" 라고 물으니, "나는 그런 거 없다"고 하셨다.

재차 물어도 "할 말 없다"고 하시다가 세 번째 또 묻자 "누가 정 물으면 그 노장, 그렇게 살다가, 그렇게 갔다고 해라. 그게 내 열반송이다" 라고 하셨다. 이 노스님이 대한불교조계종 제8대 종정(宗正)까지 지내신 서암(西庵) 큰스님이시다. 필자는 노스님의 입적 소식에 과연 '큰스님'이란 어떤 분을 두고 하는 말일까를 곱씹어 보았다.

타고난 육신을 기준으로 타인과 비교하여 키가 크고 체구도 크고 목소리도 커서 큰스님이라고 할까? 큰 절 보직을 맡아 묵직한 명함을 지니고 운전기사가 운전하는 뒷좌석 오른편에 앉아 졸면서 가시는 분을 큰스님이라고 할까? 짱짱한 문중의 많은 벼슬을 두루 섭렵하고 줄줄이 제자들과 상좌들을 많이 거느린 파워있는 스님을 큰스님이라고 할까? 나이 50쯤 지나 제자들을 키우기 시작하면 그때부터 자동으로 법랍과 행적에 관계없이 큰스님이 되는 걸까?

필자는 불자가 아닌 일반 사람들의 이해를 돕기 위해 나름으로 큰스님을 정의해 본다. 불교계의 큰스님이란 '출가시의 초심(初心)과 열반시의 종심(終心)이 일직선으로 수평, 수직의 삶을 살았던 분을 말한다. 출가 이후 중간에 승속(僧俗)을 왔다 갔다 한 행적도 아니고, 남모르게 은처(隱妻)나 재산을 감추는 엉뚱한 짓 하는 것도 아니고, 부처님 유니폼 입고 장사나 부업이나 취미생활에 더 빠져 있는 것도 아니고, 권력이나 중벼슬 하고자 여기저기 기웃거리는 정치승(政治僧) 추태도 아니고, 한 평생 일관된 수행자의 모습으로 여법(如法)한 삶을 살았던 산(山)과 같은 스님을 큰스님이라 한다.

2003년 계미년처럼 큰스님들이 무리지어 인연을 거두어 가버린 해도 드물었다. 한국 선맥의 큰 줄기였고 간화선(看話禪)의 큰 스승들이 잇따라 입적하셨다. 서암(西庵), 월하(月下), 서옹(西翁) 등 역대 종정을 지내셨던 세 분 스승도 앞서거니 뒷서거니 한꺼번에 가셨고, 참선수행으로 초지일관 하셨던 청화, 덕명, 고송 스님도 떠나셨고, 태고종 종정을 지냈던 덕암 스님까지도 떠나셨다.

대부분 어려웠던 일제시대에 출가하여 종권과 종지를 바로 세우기 위하여 1950년대부터 70년대에 이르기까지 불교정화운동에 직, 간접적으로 앞장을 서서 부서져내린 대들보를 붙들어주신 어른들이다. 그리고 인생 후반부에는 선원과 총림의 방장, 조실 등으로 수행일관의 삶을 사신 학(鶴)과 같은 고고한 고승대덕들이셨다.

혹자는 묻는다. 어느 스님이 돈오(頓悟)의 입장이고 어느 스님이 점수(漸修)의 입장이었는가를……. 이미 한소식 얻어버린 대덕들에겐 다 부질없는 말이 되겠지만 비불자를 위해 한마디 첨삭해 본다.

한 순간 거울에 물건이 비추듯 닦아가는 도중 문득 깨달으면 그것이 돈오돈수(頓悟頓修)의 방법이고, 시간이 갈수록 과일이 익어가듯 깨달은 후에도 거듭거듭 깨쳐간다는 것이 돈오점수(頓悟漸修)의 방법이다. 누구의 방법이 옳고 그른가라고 물을 것이 아니라 시대의 흐름에 따라,

닦는 습에 따라, 인물의 성격에 따라 차이가 있을 뿐 대각(大覺)들에겐 부질없는 말장난에 불과할 뿐이다. 2×9나 9×2나 그 답이 그 답이다.

다만 그들이 치열한 구도(求道) 자세로 평생을 일관하다가 무엇에 쫓기듯 계미년 한 해에 동서남북에서 한꺼번에 육신의 헌옷들을 벗어버리니 불교계에서는 충격일 수밖에 없음을 말하려는 것뿐이다. 큰 스승, 큰 어른, 큰스님들이셨는데…….

2003년 계미년은 참으로 허전한 한 해다.

나무관세음보살마하살…….

귀거래향(歸去來鄕)
Coming Home (53×34cm) Acrylic on Canvas

아름다운 노년

　아직 햇살이 따가운 초가을 어느 날, 같은 층에 연구실이 함께 있는 동료 교수가 신문 한 장을 말아 쥐고 내 방을 찾아왔다. 차 한 잔 생각나서 왔다고 하면서 쥐고 있던 신문을 펼쳐 보이며, "아니! 왕년에 국회의원, 대학 총장에 KBS 공영방송 사장까지 했던 분이 나이 70에 세상 다 버리고 출가를 했네요. 이럴 수도 있는 겁니까?"

　신선하다는 것인지, 실망했다는 것인지 알 수 없는 표정이었다.

　"뭘 그렇게 놀라시나? 그 나이어 치매증세로 가출(家出)한 것도 아니고 아직도 늦깎이에 대한 불망념이 있어 출가(出家)한 건데……."

　젊은 교수는 내 대답에 더욱 눈이 휘둥그래졌다.

　"차 식어요! 그리고 박 사장 출가? 요즘 세간에 화제인가 본데 불가에서는 다반사로 있는 일일세. 그 나이는 웬만해선 안 받아주는데 오히려 그 분은 결심이 늦은 편이네."

　"예? 다반사로 있는 일이라구요? 그 나이에?……."

　"내가 알고 있는 분들만도 십여 사람은 되지. 서울대학 교수에 대통령 자문위원까지 했던 장 모 교수, 건설회사 사장으로 일하다 강원도 화천에서 출가한 소승 스님, 40년 영화배우 청산하고 출가한 원로 배우정 모 인사, 건국대학교 교수직을 퇴임하고 출가한 덕광 스님, 서울시청 서기관 출신의 진성 스님, 전남 담양 정토사 주지 스님, 불과 몇 달 전에 출가한 KBS 모 부장……."

신문기사도 충격이었는데 필자가 주섬주섬 헤아리는 숫자까지 보태다 보니 더욱 어처구니 없어하는 표정이었다.

태고종 집계를 보면 2001년 117명, 02년 164명, 03년 173명으로 매년 증가 추세에 있으며, 04년 올해 출가자들 나이를 보면 10대 2명, 20대 19명, 30대 70명, 40대 133명, 50대 이상 57명으로 되어 있다. 40대 이상이 전체 출가자 3분의 2를 넘고 이 중 대졸 출신과 박사학위, 해외유학자 등 고학력이 60%에 이른다고 한다.

"그럼 가족은 어떻게 되는 겁니까? 부인도 자식도 다 있을 텐데 자기 좋다고 혼자서 출가해 버리면 남은 가족은 누가 책임집니까?"

"책임? 남자 나이 환갑 지나면 오히려 천덕꾸러기가 됨을 모르시나. 그 나이 지나면 가족들에게 점점 짐만 되고 귀찮은 존재로 상황이 변하게 되지. 자식들한테 얹혀 살면서 용돈 한 닢 더 기대게 되고, 함께 늙어가는 만만한 마누라한테는 잔소리만 늘어가고, 멀쩡한 자식들에겐 효도 안 한다고 온갖 심통 다 부리며 마땅히 갈 곳도, 오라는 곳도 없어서 하루 놀고 하루 쉬는 다 그렇게들 사는 것이 우리네들 자화상 아닌가. 멀리 볼 것도 없지.

그대 선친은 지금 어떻게 지내시는가? 내 주변에 있는 환갑 지난 어른들 대부분이 지금 어찌 지내고 계시는지 바로 그 분들이 임자 거울일세. 자식으로 또는 부모로서 의무 다하고 나서 받아만 준다면 인생 후반기에 홀가분하게 출가하여 종교적 삶을 살 수만 있다면 두 번 사는 삶이지. 아무에게나 주어진 복은 아닐세.”

“말씀을 듣고 보니 이해도 됩니다만 어쩐지 서글퍼지는군요.”

젊은 교수는 논리적으로는 이해하는 듯 했으나 감성적으로는 받아들이지 못하는 듯 했다. 필자와는 거의 20년이 벌어진 무종교인 그로서 거기까지 확신을 갖기에는 너무 젊은 나이다. 문답설법(問答說法)을 해 줄 수밖에 없었다.

“어느 책에선가 읽은 기억이 있는데 인도 사람들은 지금도 학습기다, 가주기다, 유랑기다 하여 인생을 여러 단계로 분류하며 산다면서요?”

힌두교의 베다 경전을 중심으로 한 생활방식을 묻는 듯 했다.

“지금은 많이 바뀌었지만 힌두교는 사람의 일생을 학습기(學習期), 가주기(家住期), 임서기(林棲期), 유행기(遊行期) 등 네 단계로 나누는 삶을 오랫동안 살아왔지. 학습기는 어린 시절부터 학문과 종교를 배우는 수행의 무리에 입류(入流)한 기간이고, 가주기는 학문에서 돌아와 결혼하여 가정을 꾸며 처자 권속과 20여 년쯤 생활하다가 나이 40~50전후로 집을 떠나지. 임서기는 재출가 의미로서 재산과 의무를 자식들에게 모두 물려주고 숲속으로 들어가 검소한 종교생활을 시작한다네. 마지막 유행기에 이르면 모든 집착을 털어내고 떠돌면서 탁발수행하다 일생을 끝낸다는 생활방식일세.

헤르만 헤세가 쓴 ‘싯다르타’ 소설 모델이 되기도 했던 이 과정은 불교도 인도에서 출발하다보니 상당 부분 영향을 받은 탓인지 젊은 시절 출가하지 못했던 불자들 사이에 ‘늦깎이 출가’가 끊임없이 이어져 오고 있는 셈일세.”

“그럼 함께 늙은 마누라는 어쩌구요? 자식들이야 다 성장해서 제 갈

길 간다지만 부인은 어떻게 하고 혼자 간다는 겁니까?”

“인도에서는 임서기에 들어갈 때 부인이 희망하면 동행하고 자식들과 집안에 있고 싶어하면 혼자 떠난다고 들었네. 우리도 거의 비슷하다고 보네. 우리나라 불교는 조계종이 대부분이지만 그 외에도 크고 작은 수십 개의 종단이 있는데 대부분 독신출가를 요구하고 있지. 때문에 자식들과 함께 살도록 배려하여 노후대책을 마련해 주고 ‘황혼 이혼’한 후 혼자 가거나 부인도 종교생활을 원하면 따로 따로 출가할 수밖에 없겠지. 부부 사이도 그 나이 되면 서로의 집착에서 어느 정도 마음들을 비우게 된다네. 평소 동일한 종교 속에서 생활했거나 성격, 소신, 습관, 삶의 방식 등을 상대편 입장에서 이해하게 되면 별로 어려운 일도 아닐세.”

필자의 설명에 이 교수는 상당히 충격을 받은 듯 했다. 평소 불교에 호감을 가졌던 호기심 상태에서 갑자기 인생을 다 살아버린 듯한 무거운 표정이 되어 있었다. 하지만 정말로 출가의 뜻을 세웠다면 요즘 말로 서로에게 이해가 되는 ‘윈윈전략’이나 불교에서 말하는 자리이타(自利利他)의 입장에서 책임과 의무를 다한 장년에 한번쯤 생각해 볼 일이다. 그러나 이 또한 가급적 서둘러야 한다.

너무 늙어 자신의 몸 하나 추스리지 못할 정도가 된다면 불교가 노인당이나 양로원은 아니지 않는가? 불교의 껍질이 아니라 그 속에 품고 있는 내용에 대한 자각(自覺)이 없이 함부로 절연이속(絕緣離俗)할 일은 결코 아니다. 즉흥적 단견이 아닌 오랜 세월, 사유(思惟)의 과정을 거쳐 미움과 원망이 아니라 진정한 이해와 기쁨 속에서 이루어져야 한다.

그런데 한 가지 이상한 것은 한 집안에서 신부나 수녀가 나오는 것은 이해하면서도 출가하여 승려가 되었다고 하면 아직도 무슨 사연(?)이 있거나 슬픔 쪽으로 보려 하는 일부 시각과 마주칠 때면 어처구니없어 당황스러울 때도 있다. 요즘 스님들은 옛날과 달리 속가의 가족들과 완전히 단절하지 않고 자연스럽게 안부도 전하고 필요에 따라 만나기도 하면서 심지어 아버지 스님 절에 신도로 다니는 가족이 있는 경우도 있다. 집안에 한 승려가 나오려면 9대(代)의 공덕이 쌓여야 가능한 것인데…….

그래도 다행히 늦깎이가 이루어진다면 설사 공부가 늦어 크게 깨닫지는 못했다 하더라도 독경, 기도, 염불, 참선을 통해 무위복(無爲福)이라도 지어 법희선열(法喜禪悅)을 체득했다면 그 사람은 그것만으로도 행복한 사람이다.

전등선원 선원장 동명 스님의 한 말씀이 떠오른다.

"노년에 만나는 선(禪)은 깊은 우물에서 두레박으로 막 퍼올린 물맛과 같다. 노년의 수행이야말로 참다운 삶의 가치와 희망을 찾을 수 있는 길이다……."

일대사 대발원

　　석가모니 부처님도 도솔천에 호명보살로 계실 때 인간계의 중생제도 서원을 세우셨고 아미타 부처님도 과거 세자재왕(世自在王) 부처님 아래서 법장 비구승으로 수행하던 시절 48대 서원을 세우셨다. 그래서 아미타불 48대원을 비롯하여 약사여래 부처님의 12대 서원, 보현보살님의 10대 발원문, 천수여래 10대 발원문, 승만 보살님의 10대 발원문, 그래서 우리 중생들도 사홍서원(四弘誓願)이라 하여 4대 발원을 세우는 등 일찍이 불보살들은 한결같이 큰 발원을 세우셨다. 따라서 불교에서 지향하는 궁극의 이상은 자비(慈悲), 지혜(智慧) 그리고 발원(發願)이 불교의 등뼈라 할 수 있다.

필자는 삼십대 초반, 내 전공을 극대화할 서원을 하나 세웠다. 그것은 일주일, 한달 후의 소원이 아닌 평생의 삶을 건 일대사(一大事) 대발원(大發願)이었다. 그래서 나름의 기도문을 만들어 연구실 벽에도, 내 책상 유리판 밑에도 내 지갑 속에서도 나만이 알아볼 수 있는 내용으로 만들어 몇 년 동안 지속해 갔다.

나의 서원과 내 자신은 하나가 되어 버린 무이당(無二堂)이었으며 그 무엇을 희생하더라도 이 서원만큼은 결코 포기할 수 없는 금생의 삶, 존재(存在)의 의미마저 그 서원에서 찾게 되었다. 그러다가 한 10여 년 쯤 지나 우연한 기회에 어처구니없는 일로 비싼 수업료를 지불할 일이 생겨 버렸다.

필자가 결코 원했던 내용은 아니었지만 내 서원을 함께 하기로 약속했던 아끼던 후배가 먼저 일을 벌이고 말았다. 그가 어떤 스님과 다른 일을 하다가 도중에 잘못되자 그만 기다리지 못하고 내친김에 내 서원과 유사한 일을 벌이게 된 것이다. 그 바람에 별 준비도 없이 끄달려 가다가 상당한 재력을 손해보고 원망과 오해까지 받으며 사람들을 떠나보내는 아픈 경험을 하게 되었다.

‘소불인(小不忍)하면 막성대모(莫成大謨)’라 했던가. 작은 일을 참지 못하면 큰 일을 도모할 수 없다 했는데 아직 익지 않은 시절 인연을 조급하게 서두르다가, 충격과 아픔으로 실의에 빠져 있었다. 그때 어느 비구니 스님 소개로 해방 전후사에 불교계의 큰 어른이었던 선지식 백성욱(白性郁) 박사와 인연이 닿게 되었다. 친견의 연이 짧아 선생을 생전에 뵌 일은 없었다. 그러나 선생은 동국대학교 총장을 끝으로 현업에서 은퇴한 후 경기도 소사 도량을 통해 많은 후학들을 길러냈고, 그 제자들이 스승을 추억하며 발표했던 글들을 몇 권 보게 되었다. 특히 김재웅 법사, 김원기 교수가 쓴 책들 속에 이런 내용의 백성욱 박사 말씀이 들어 있었다.

“나에게 ‘세상을 제도하겠다’고 나선 많은 젊은이들이 찾아온다. 불쌍한 사람을 돕겠다, 사회를 정화해 보겠다, 인류에 봉사하겠다…… 나는 그들에게 말해 준다. 불쌍한 사람을 돕고 많은 사람들을 선도하는 것은 자비심이니 좋은 일이다. 그러나 그대의 정도(능력)를 모르고 그런 일을 한다고 나서지 말아라. 그대의 능력이 부족할 때 사회에 이익은커녕 오히려 폐만 끼칠 것이다. 또 그대가 불쌍한 사람을 돕는다고 하면

그대 마음에 그런 사람들을 그리게[證] 되어 그대 자신이 그처럼 될 염려가 있다. 어리석은 사람들을 교화한다고 그들을 마음에 그리면[證] 그대 자신이 어리석게 될 염려가 있다. 도둑 소굴에 들어가 도둑을 교화한다고 산으로 올라간 스님이 삼년 만에 그들과 함께 도둑질하러 마을에 내려온다는 이야기가 있다. 무슨 일이든 부처님 즐겁게 해 드리기 위해서 한다고 생각하라. 그리하면 광명을 향하게 될 것이다. 제도는 오직 부처님만 하시는 것이다……. (중략)"

외로운 자, 장애자, 가난한 자를 돕겠다고 자꾸 생각하여 아래로 증하지 말고 부처님, 보살님의 밝음, 광명, 자비, 지혜를 생각하며 위쪽으로 증(證)하라는 말씀……, 중생제도는 부처님 몫이지 어설프고 아상 강한 너희들의 일이 아니라는 이 무거운 한 말씀에 나는 퍼뜩, 죽비로 얻어맞은듯 내 생각을 바꾸는 계기가 되었다.

서원을 세우고 마음 속에 발원의 씨앗을 키운 지 20년이 지났다. 그동안 세 번에 걸쳐 계획서를 고쳐 쓰고 기획과 전략을 흉중에 담고 오직 한 가지 서원으로 지금껏 살아가고 있지만 마음은 옛날같이 조급하지는 않다.

　　어떤 스님이 사전(寺田)을 삼으려고 아랫마을 사람한테 밭을 샀는데 이(利)에 밝은 한 스님이 터무니없이 비싸게 샀다고 핀잔을 하며 밭을 판 사람 욕을 하자 "비싸게 산 만큼 다음 생[內生]에 만나서 되받으면 되는 게지 뭐." 하더라는 말이 있다.

　　삼십대 초반의 발원이 오십대 중반을 넘어가도 서원의 씨앗이 발아하지 않다 보니 때로는 금생의 인연이 아닌가(?) 생각될 때도 있지만 가급적 넉넉하고 여유로운 마음으로 지금도 발원하고 기도할 따름이다. 언젠가는 반드시 이루어진다는 끈덕진 발원으로 아직껏 일관하고 있는 것은 평생을 통한 오직 하나의 기도란 결국 자신의 신념을 시험하는 '자기 확신'에 다름아니기 때문이다.

비구니 신장들

경기도 화성 땅에 비구니 스님들이 사는 절이 하나 있다. 이 사찰에는 와병 중인 주지 스님을 비롯하여 몇몇 분의 스님들과 보살들이 함께 살고 계신다. 필자는 이 절의 탱화 제작 및 장엄불사 관계로 몇 년째 출입을 하면서 참으로 많은 것을 느끼고 배운 바가 있어 지면으로 옮겨 본다.

이 사찰은 노인복지회관을 겸하고 있어서 10여 분의 거동이 불편한 비구니 노스님들과 70세가 넘은 할머니들 80여 분이 계시는데 하루의 일과는 새벽 예불로부터 시작되는 듯 했다.

새벽 4시, 예불이 끝나면 맨 먼저 주지 스님 용태부터 확인한 후, 백여 명에 이르는 대가족들의 아침공양 준비가 시작되고, 아침공양이 끝

나면 거동이 불편한 노인들 별도 공양 돕고 난 후, 대소변 못 가리는 치매 노인들 방에 마스크 쓰고 들어가 고무장갑 낀 채 물청소(?)를 끝내고 나면, 산더미 같은 빨래들이 스님들을 기다린다. 점심공양 이후에는 노인들 목욕수발 돕고 난 뒤, 단체로 병원진료 모셔가고(이따금 놀이마당에도 모셔가지만) 대부분 건너편 야산에 개간해 놓은 2만여 평 산밭으로 뛴다. 웬만한 풀(草) 농사는 자급자족하면서, 씨 뿌리고 거름 주고 풀 매고 나면 하루해가 저문다. 저녁공양 끝내고 나면 저녁 예불을 시작으로 참선, 기도, 염불로 밤 이슥토록 깨어있는 그런 삶들이었다. 복지관리, 공사관리, 신도관리, 방문자 접대 및 회의 주관에서 지인들 가정사 시다림까지 챙기며 때로는 농사짓는 상머슴에, 급하면 봉고차 운전기사까지 전천후로 움직이는 살아있는 신장들이었다.

그뿐이 아니었다. 1997년 뇌종양 1차 수술 후 4년을 사셨고, 2천년 11월에 또다시 2차 수술 후 4년째 기적 같은 삶을 살고 계시는 주지 스님 뒤에는, 특히 365일 하루같이 10년이 넘도록 손끝에 물마를 날 없이 살고 계시는 총무 스님이 계셨다.

절집 살림을 총괄하시면서도 어느 때는 충청북도 청주에 있는 암 환

자 휴양소, 강원도 춘천에 있는 옥굴(玉屈) 치료소, 그러다 또 상태가 급해지면 대학병원에 재입원 했다가, 다시 호전되면 당신 사찰로 모셔오는 등 오로지 주지 스님 회복을 위한 온갖 마음을 다 쓰고 계셨다. 전라도건 경상도건 주지 스님 구병을 위한 약이나 치료를 위한 일이라면 경북 영천 한방병원, 경락치료에 용하다는 백운 처사의 기(氣)치료, 일주일에 한 번씩 다녀가시는 지압 달인 김 처사, 심지어 연변에 있는 용하다는 한의사를 만나기 위해 중국까지도 가셨다.

장병(長病)에 효자 없다는 옛말이 있다. 간병도 하루 이틀이고 한 달 두 달이지 장장 8년간을 한결같은 마음으로 대소변 받아내며 병상을 지키는 스님들을 바라보면서 내가 나 부모에게도 이렇게 할 수 있을까 자문해 보고 스스로 부끄러움에 고개를 저을 때도 있었다.

작년 가을 갑자기 주지 스님의 웅태가 호전되어 필자를 보고 싶어 한다기에 한걸음에 달려갔더니 정말 이것이 가피(加被)구나 싶었다. 평소 10여 분 정도 '예, 아니오'의 단답형 답만 주시고 이내 피곤하다고 누워버리셨는데 이번에 친견드렸을 떠는 5년 전 처음 뵈었을 때처럼 감정 표현을 정확하게 하시는 걸 보고 적이 놀랄 수밖에 없었다.

慈濟精舍 大法堂 法華金蓮圖 경기도 화성시 남양면 북양동 소재
Acrylic on Canvas (2m×42m)

"나는 중노릇 시작하면서부터 50평생, 법화경 기도와 발원 속에서 살아왔습니다. 내가 교수님께 40m가 넘는 '법화금련도(法華金蓮圖)' 탱화를 부탁했을 때 작품의 크기보다 그 내용에 있어 수많은 불자님들 가슴에 장엄한 법화경의 세계를 시각적(視覺的)으로 보여주고 싶었습니다. 환희심의 감동이 행동으로 옮겨질 수 있도록 교수님이 베푼 연화장 세계가 노인들을 위한 사회복지사업의 징검다리가 될 수 있도록 도와주세요. 교수님의 화필삼매(畵筆三昧) 장소에 꼭 가보고 싶었는데……, 내가 이후에 또 정신을 잃더라도 우리 처음 만났을 때의 초심(初心)으로 거듭 거듭 정진해 주시길 간절히 부탁합니다."

필자는 주지 스님 말씀 속에 '내가 또 정신을 잃더라도' 라는 부분에서 기나긴 그의 투병과정을 잘 알기에 그만 목이 메이고 말았다. 그 간곡함이 천근의 무게로 다가왔다. 비록 거동이 불편하여 누워서 말씀은 하셔도 맑은 혜안과 밝은 미소, 그리고 너그러움과 지혜로운 판단력 앞에서는 더이상의 설명이 필요없는 그런 분이셨다.

그래서일까? 불교작업 30여 년에 이번 작업처럼 힘들게 끌고 간 경험이 일찍이 없었다. 외국에서 수입해 쓰던 물감회사가 부도가 나서 생산이 중단되는 바람에 동일한 물감을 구할 수 없어 전국 화방을 모두 뒤져야 했을 때, 장마철에 연구실 천정과 벽에서 비가 새는 통에 그려놓은 절반의 작품을 처음부터 다시 시작해야 했을 때, 작업을 도와주던 제자들이 한마디 언질도 없이 사라지거나 그만두고 나오지 않을 때…….

4년여 제작과정 중 힘들고 괴로울 때면 이 절에서 살고 계신 스님들의 모습이 필력(筆力)의 원천이 되곤 했었다. 몇년째 주지 스님 간병을 떠맡고 계시는 아담한 체구의 눈 맑은 어떤 스님, 공양간 소임을 맡아

몇년째 부엌 살림을 살고 계시면서도 항상 밝은 표정의 어떤 스님, 팔소매 걷어붙이고 자원봉사자들과 흙밭을 일구는 땀 투성이 어떤 스님, 어느 땐 노인들 수발, 어느 땐 농사꾼, 어느 땐 공양간 돕다가 어느 사이 주지 스님 용태 살피는 전천후 총무 스님, 우울증에 걸린 노인들 위로한다고 유치원생 같은 춤과 노래로 늘 웃고 사는 천진불 같은 환갑이 다 된 어떤 스님……

『범망경』에도 『고승전』에도 나오는 말씀이 있다. '복전중간병제일(福田中看病第一) 공양중무진제일(供養中無瞋第一) 보시중법시제일(布施中法施第一) 행업중실행제일(行業中實行第一)'이라 했다. 공덕을 쌓기에는 병 간호가 으뜸이고, 성 안 내는 그 얼굴이 공양 중 제일이다. 육도 만행 가운데서 법보시가 으뜸이고, 진실한 행업 속에 실천이 제일이라는 이 말씀 그대로 사는 분들이었다.

그 모습들을 떠올리다 보면 나 자신도 어느 사이에 이 절에서 일하시는 스님들의 사력십중배(死力十重㝃) 삶에 동참자가 되어 간절한 비원의 마음으로 내 연구실에 향을 사르곤 했다. 그리고, 긴긴 4년 3개월 만에 이 대작의 끝을 보게 되었다.

과거에서 미래로

회화와 디자인 사이에 일러스트레이션(Illustration)이라는 분야가 있다. 일러스트레이션 분야는 그 표현 방법상 크게 순수(純粹) 일러스트와 목적(目的) 일러스트로 양분되는데 순수 일러스트는 '순수 회화와 같이 자기 주관적 작업'을 하는 경우이며 목적 일러스트는 '타인의 주문에 의해 크기, 내용, 기간, 재료 등에 충실한 맞춤형 작업'을 뜻한다. 작게는 우표나 그림엽서, 신문 삽화 등에서 크게는 옥상이나 산야에 세워진 야립(野立) 광고판이나 대형 벽화 등도 여기에 속한다.

특히 이 분야는 철저하게 주문자의 요구에 따라 그려지는 실용화(實用畵)로서 우리나라 전통 민화 그림이나 어린이 동화책 또는 성당의 천정이나 벽에 그려진 성경 중심의 그림, 사찰의 법당 탱화나 벽에 그려진 경전 중심의 벽화도 여기에 속해 그 범주는 매우 넓고 다양하다 할 것이다.

필자는 일러스트레이터로 지난 30여 년 동안 '불교 미술의 현대화, 불교 디자인 개척화'라는 나름의 화두를 잡고 살아왔다. 특히 불교 회화에는 탱화, 벽화, 단청, 판화 등 네 분야가 중심인데 이 중 판화(版畵)만 대량 복제라는 의미에서 오늘날 인쇄가 가능한 시각 디자인 분야로 취급되어 캘린더, 기념카드, 캐릭터, 포스터 등의 작업들이 행해지고 있다.

젊은 시절 전통 불교 회화를 현대적 감각의 새로운 장르로 개척해 보겠다는 나름의 원대한 계획을 가지고 이 화공(畫工), 저 금어(金魚) 또는 무형문화재 등을 찾아보기도 하고 석사과정의 논문도 그 분야에서 써 보고, 외국의 선례를 연구해 보겠다고 동남아, 서남아 불교국가들을 헤매고 다니기도 했다. 종교의 포교와 경전의 해석을 위해 어떤 그림, 어떤 포교물들이 제작되어 왔는가를 연구해 보겠다고 기독교, 이슬람, 힌두교 등 타 종교까지 기웃거리며 장기간 외국에 나가 있을 때도 있어서 나의 3, 40대는 난독(亂讀)과 난행(亂行)의 천방지축 시절이었다.

천년 고찰의 중창불사나 복원작업은 단청이나 벽화의 한 획이라도 철저한 고증에 의해 문화재 복원 차원에서 전통 장인들의 힘을 빌어 결코 서두르지 않는 충분한 기간을 가지고 접근해야 한다. 다만 새로운 자리에 새로운 사찰이나 불교 건축물이 들어설 경우 5백년, 천년 후를 내다보고 '대한민국 시절의 불교미술'이라는 사명의식을 가지고 접근해야 됨에도 그렇지 못하는 교계의 현실이 안타까울 때가 많다.

장엄 미술은 공부하는 것만큼 보이고 기도하는 것만큼 그려지게 되어 있다. 주문자의 짧은 안목과 복사작업의 전문 제작자가 만나서 그림 내용, 제작 비용, 제작 기간에 쉽게 의기투합하면 여지없이 이발소 그림같은 키치(Kitsch)물을 양산하게 되어 있다. 아무리 봐도 찬탄할 수 없는 결과물을 놓고 장엄불사라고 감동을 강제하는 시대는 이미 지나갔다.

엄마 손을 잡고 새로 건립된 절에 가서 '법당에 있는 부처님이 수염을 달고 있네? 처마 밑 그림이 뱀 껍질 같아서 무서워!' 하는 어린아이 말에 입을 틀어 막으며 '쉿! 그런 말하면 지옥 간다'고 언제까지 무조건 감동하라고 말할 수는 없는 노릇이다. 자꾸 강제하고 강요하면 다른 종교로 가버린다.

언제까지 탱화나 벽화 속에서 삼국지에나 등장할 조자룡의 갑옷과 관운장의 창칼이 나와야 하고 도교(道敎)에서나 봄직한 도사들의 두건이나 산신들의 옷자락이 그려져야 되는 것일까? 옛날 고려나 조선시대에는 창칼이나 복장의 유사성이라도 있었다지만, 굳이 유형의 흐름을 고집한다면 지금은 총검들고 설치는 철모 쓴 군인들이나 넥타이 맨 정장을 그려야 할 것이 아닌가?

언제까지 단청에서 다섯 가지 오방색(五方色)을 고집하여 원시 아프리카 흑인들의 바디 페인팅이나 방패 쯤에 칠해져 있음직한 '샤머니즘적 색채'로 자족하거나 강제작업을 해야 되는 걸까? 언제까지 컴퓨터의 색채 분해가 2만 가지 이상이 가능한 오늘의 시대를 굳이 외면한 채 '원시로 돌아가자'고 한다면 컴퓨터나 핸드폰을 끼고 사는 21세기 젊은 세대들의 설득이 가능하다고 생각하는 건지…….

종교의 포교에 있어 시각화(視覺畵)로 던져준 메시지 이상 중요한 것은 없다. 어느 사찰을 가 보아도 30대 미만의 젊은 세대를 찾아보기 힘들고 남자는 만나기가 더욱 어렵다.

영원한 진리, 부처님의 모든 것을 자손 만대로 이어가게 하자면 우선 눈에 보이는 시각적 장엄 미술에서 마음을 열어야 한다. 또 삼국시대는 삼국시대의 것으로, 조선시대는 조선시대의 것으로, 대한민국시대는 대한민국시대의 미술이 되어야 후세의 사가들로부터 '대한민국시대의 불교 미술은 고려와 조선시대의 비빔밥 미술'이라는 혹평과 미술사적 단절의 시대를 면하게 될 것이다.

『경덕전등록』 제6권에 이런 말씀이 나온다. '견여제사 멸사반덕(見與齊師 滅師半德) 견과어사 방감전수(見過於師 方堪傳授)'라 했다. 제자의 덕행이 스승을 그대로 닮았다견 스승의 덕을 반으로 감하는 행위이고, 빼어난 덕행이 있어 스승을 능가했을 때 비로소 그 스승의 뜻을 따르는 참 제자다라는 의미이다.

스승을 모시고 공부할 때 기초과정이 끝났는데도 자기 닮기를 강요하는 스승이 있다면 빨리 떠나야 하고, 반대로 자기 세계를 창조할 때가 지났는데도 그 스승의 필법 속에 안주해 버리는 제자가 있다면 그는 화공(畵工)이 아니므로 붓을 꺾어야 한다. 그러나 붓을 꺾지도 못하는 제자나 놓아주지도 않는 스승들 때문에 고대 중국 장군들의 투구에다 이순신 장군의 갑옷을 입은 울긋불긋한 '동진 보살'의 신중(神衆)탱화가 대리석 건물의 컴퓨터 곁에 버젓이 걸려 있는 것이다.

전통에 집착하고 과거에 안주하면 우리가 바로 말법(末法)의 시대를 만들게 된다. 그래서 오늘을 살아가는 이 방면의 관계자들은 선조들이 남겨준 전통의 유산과 그 뿌리를 바탕으로 오늘의 현대인을 설득할 수 있는 과거재현(過去再現)이 아닌 미래지향(未來指向)의 불교 미술을 더욱 연구하고 개척해 가야 할 것이다.

고사(古史)에서 배우다

- 전생의 숙업따라 인간계에 태어나서(生苦)
- 속절없이 세월 가 귀밑머리 세어지고(老苦)
- 백약이 무효던가 자리잡고 누웠으니(病苦)
- 풀잎의 이슬이라 허망한 인생살이(死苦)
- 구하고 또 구해도 끝까지 못 구하고(求不得苦)
- 사랑하는 사람과는 끝끝내 이별인데(愛別離苦)
- 원망하고 미운 이는 날마다 보고 사네(怨憎會苦)
- 육신의 오욕마저 끝이 없는 고통이네(五陰盛苦)

생로병사는 낙엽귀근(落葉歸根)하는 육신의 고통이요,
나머지 4고(四苦)는 평생에 죽을 때까지 겪고 사는 마음의 고통이라.
세존은 욕망의 뿌리에서 생겨난 8고(八苦)의 고통을
수천 년 전부터 경고해 왔건만 우리가 어리석어 닦지 못한 채
전생, 금생, 내생까지 헤매며 살아가네.
재욕, 색욕, 식욕, 명예욕, 수면욕을 합친 오음(五陰)까지 끼어드니
중생살이 8고보다 더한 고통 또 있을까……

만 추(晚秋)
in the late Autumn (53×41㎝) Acrylic on Canvas

초심으로 돌아가다

집착할 대상이 없는 사람은 근심할 것도 없다. 불교의 초기 경전 『숫타니파타』에 '소치는 목동' 다니야와 부처님 사이의 대화가 서사시 형식으로 기록된 내용이 있다. '하늘이여, 비를 내리고 싶거든 내리소서'라는 구절이 반복되면서 모든 것이 다 준비된 다니야와 아무것도 없는 부처님과 재산에 관한 문답 형식의 글이 나온다.

소 치는 목동 다니야는 마히 강변에서 가족과 함께 살면서 우유도 짜 놓고, 불도 지펴 놓고, 갓 태어난 송아지도 있고, 겸손하고 정숙한 아내도 있고, 착하고 건강한 아이들도 있고, 보금자리인 따뜻한 집도 있어 모든 것이 다 준비되어 있으니 신이여, 비를 내리려거든 얼마든지 내려도 좋다는 행복한 배짱을 부린다. 그러나 부처님은 아무것도 가진 것이 없었다. 다니야가 자랑하는 물질적인 것뿐만 아니라 분노와 고집, 욕망과 탐욕, 집착과 어리석음 등 모든 것을 다 여의었지만 신이 비를 굳이 내리겠다면 기꺼이 받아들이겠다고 겸손하게 말한다.

신은 드디어 비를 내리기 시작한다. 막상 큰 비가 내려 둑이 터지고 홍수로 인해 모든 것이 물에 잠겨 버렸다. 잃을 것이 없는 부처님은 아무런 걱정이 없지만 다니야는 평생 모은 재산을 송두리째 수마에 잃게 되었으니 눈이 뒤집힐 지경이었다. 결국 물질과 재산은 영원할 수도 행복의 기준이 될 수도 없음을 뒤늦게 깨달은 다니야는 부처님께 귀의한다는 내용으로 집약되어 있다.

그러나……, 소치는 사람 다니야는 2천 5백년 전에만 있었을까? 우리가 그토록 모으기 위해 발버둥치는 물질의 본질은 무엇일까?

재물에 대한 욕망, 출세에 대한 집착, 권력을 꿈꾸는 망상, 이런 것들이 목타는 갈애(渴愛)가 되어 날마다 매스컴을 통해 지겹도록 듣고 산다. 젊은 시절 진실한 말 한 마디에 감동받고, 상처받은 영혼에 동정심이 일고, 독재정치와 부정부패에 온 몸을 던져 항거했던 그 아름다움은 다 어디로 갔는가?

나이가 들어갈수록 비겁해지고 비굴해지기 전에 소년시절에 꿈 꾸었던 물질이 아닌 이상적 삶에 가치를 두어 처음 먹었던 마음, 즉 초심(初心)으로 돌아가야 한다고 이 글은 말하고 있다.

진심(瞋心) 다스리기

『잡아함경』 42편에 기록된 내용으로 죽림정사에서 있었던 일이다.

어느 날 한 바라문은 자기를 따르던 종족의 한 사람이 부처님께 출가해버린 것을 두고 몹시 화가 나서 무리를 이끌고 죽림정사로 쳐들어왔다. 그는 마구 소리 지르며 욕을 퍼붓고 부처님께 대들었다.

부처님은 아무 표정 없이 묵묵히 듣고만 계셨는데 한참 후 그 바라문은 악을 쓰고 욕을 하다가 그만 지쳤는지 언성이 가라앉고 누그러졌다. 그때서야 부처님께서 한 말씀 하셨다.

"당신 집에도 손님이 오시는 일이 있겠지요?"

엉뚱한 부처님 질문에 그 바라문은 내뱉듯이 대답했다.

"그렇소! 손님이 오지 않는 집이 어디에 있단 말이오?"

"그렇다면 당신은 식사 때가 되면 손님께 음식을 대접하는 경우도 있겠군요?"

"그거야 당연하지 않소?"

"그런데 그 손님이 식사를 못 하그 그냥 가게 되면 그 정성들여 만든 음식은 누구 것이 되지요?"

"그거야 주인인 내 것으로 남겠지요!"

부처님은 조용히 미소지으며 이렇게 말씀하셨다.

"바라문이여! 바로 그와 같습니다. 오늘 당신은 내게 와서 온갖 욕설과 폭언을 다 퍼부었소. 만약 내가 당신의 폭언에 맞장구치고 욕설에 응수했다면 주인과 손님은 같은 음식을 같이 먹은 거나 다름없겠지요. 그러나 나는 그 음식에 조금도 손을 대지 않았으니 그건 고스란히 주인인 당신 것으로 도로 남지 않겠소?"

"……."

바람 부는 날 쓰레기를 치우면 내 쪽으로 되돌아오고, 하늘을 향해 침을 뱉으면 내 얼굴에 떨어지고, 바람 부는 쪽으로 횃불을 들면 내 손이 먼저 데인다. 상대가 발끈했을 때 조용하고 침착할 수 있다면 지혜롭고 성숙한 인간이다.

수행의 목적

기원전 2세기 후반, 서북 인도를 지배한 희랍의 왕 밀린다(Milinda)와 불교의 아라한과를 증득한 나가세나(Nagasena) 존자 사이에 문답을 중심으로 한 『밀린다왕문경』 속에 다음과 같은 대화가 나온다.

"존자여, 당신들은 과거, 미래, 현재의 괴로움을 버리기 위해 노력합니까?"

"아닙니다. 우리는 과거의 괴로움은 사라지고 미래의 괴로움은 생기지 말기를 바라는 마음에서 노력합니다."

"존자여, 그럼 미래의 괴로움이 지금 있습니까?"

"없습니다."

"존자여, 당신들은 지금 있지도 않은 괴로움을 버리기 위해 노력한다 말입니까?"

"대왕이시여, 당신은 적군과 대항하여 맞선 일이 있습니까?"

"있습니다."

"대왕께서는 적군이 눈앞에 있어야 참호도 파고 성벽도 쌓고 양식도 비축합니까?"

"아닙니다. 그것들은 모두 미리 미리 준비해 둡니다."

“대왕이시여, 어떤 목적 때문에 그렇게 하십니까?”

“존자여, 그것은 미래의 위험을 막기 위해서 그렇게 합니다.”

“대왕이시여, 미래의 위험이라는 것이 지금 존재합니까?”

“존재하지 않습니다.”

“대왕께서는 지금 존재하지도 않는 미래의 위험에 대비코자 노력한다니 매우 현명하고 지혜롭습니다.”

나가세나 존자께서는 밀린다 왕에게 한 가지 더 질문을 던진다.

“대왕이시여, 당신은 배가 고파야 비로소 밭을 갈고 곡식을 심습니까?”

“그렇지 않습니다. 그것은 미리 미리 준비해 둡니다.”

“대왕이시여, 무엇 때문에 그렇게 하십니까?”

“미래의 굶주림을 대비하기 위해서 그렇게 합니다.”

“그럼, 미래의 굶주림이 지금 존재합니까?”

“존재하지 않습니다.”

“대왕이시여! 당신은 지금 존재하지도 않는 미래의 굶주림을 위해 미리 미리 준비하시다니 참으로 슬기로우십니다. 우리도 수행하는 목적이 대왕의 그것과 다르지 않습니다.”

“……”

훗날 밀린다 왕은 불교에 귀의하여 수행승의 삶을 살았으며 불교 발전에 큰 공적을 남겼다.

업과 인연

『밀린다왕문경』에 이런 구절이 나온다.

"나가세나 존자여! 어떤 이유로 해서 사람들은 평등하지 않습니까? 어떤 이는 장수하고, 어떤 이는 단명하며, 어떤 사람은 미인이고, 어떤 사람은 추한 모습입니까? 또 한쪽은 부유하고, 다른 쪽은 가난하고, 어리석은 사람이 있는가 하면 지혜로운 사람도 있는 등 왜 사람은 평등하지 않습니까?"

"왕이시여! 어찌하여 과일들은 그 맛이 동일하지 않을까요? 어떤 것은 신맛이 나고 어떤 것은 단맛이 나고, 또 어떤 것은 쓴맛이 나고, 어떤 것은 떫은 맛이 나며, 어떤 것은 매운 맛이 납니다."

"존자여, 그것은 각각의 씨앗과 종자가 다르기 때문입니다."

"왕이시여, 그렇습니다. 사람들도 그와 같이 전생부터 지금까지 쌓아 온 행위[宿業]가 저마다 다르기 대문에 똑같을 수 없습니다. 부처님께서도 이렇게 말씀하셨습니다. '살아 있는 것들은 저마다 자신의 업(業)을 가지고 있고, 그것을 이어받으며, 그 업을 모태로 하고, 그 업에 의존한다. 업이 바로 사람의 생존을 비천(卑賤)한 것으로도 존귀(尊貴)한 것으로도 차별 짓는다' 고 하셨습니다."

한 번 지은 업은 시절인연이 성숙되면 반드시 그 과보가 찾아온다는 것이 불가의 절대 기준이다. 선(善)한 원인[因]에는 선한 결과[果]가, 악한 원인에는 악한 결과가 나타나는데 절대 착오가 없으며, 또 반드시 나타나기에 인과응보(因果應報)라는 말이 성립되는 것이다.

인과응보의 씨앗이 바로 업(業)이라는 의미다. 업은 전생의 작업(作業)에 의해 받은 응보로서 선업, 악업, 비선업 그리고 무기업(無記業)이 있으며 망자 멸후 업경(業鏡)에 비추어진 행업의 결과에 따라 구분지어진다. 바로 지금 살아 있는 동안 받게 되는 순현업(順現業), 이 생에서 지어 다음 생에 받는 순생업(順生業), 이 생에 지어서 다음 생 이후에 받는 순후업(順後業)이 있으며 반드시 지은 대로 받는다는 사실이다.

'종과득과 종두득두(種瓜得瓜 種豆得豆)'라는 말을 유교에 있는 말로 잘못 알고 있는 이들이 많은데 오이 심은 곳에서 오이를 얻고, 팥 심은 곳에서 팥을 얻는다는 진리는 『열반경』 속에 있는 말이다.

업은 우리가 수없이 윤회하는 동안 선업이건 악업이건, 알고 짓건 모르고 짓건, 짓지 않고는 살 수 없다. 몸으로 짓는 신업(身業), 입으로 짓는 구업(口業), 마음으로 짓는 의업(意業)으로 나뉘어 삼업(三業)을 기초로 시작되는, 그래서 중생의 삶 즉 인생(人生)은 삼업이 여행하는 동안 잠시 들러 가는 노정일 뿐이라는 말도 있다.

우리가 인(因)과 연(緣)에 의해 이 영혼이 수없는 생성과 소멸을 반복하면서 때로는 선업을 만나 극락에도 갔다가 때로는 지독한 악업을 만나 지옥살이도 한다. 우리들의 육신은 윤회의 사슬에 묶여 육도(六道)를 들락거리는 단지 업의 여행가방 속에 들어 있는 '영혼'의 형상일 뿐이다.

업은 내가 스스로 짓고 내 스스로 받는 것이지 누가 보내거나 조종한

것이 아니기에 '욕지전생사 금생수자시(欲知前生事 今生受者是) 욕지
내생사 금생작자시(欲知來生事 今生作者是)'라고 경전은 가르치고 있
다. 내 전생이 알고 싶어 궁금하다면, 지금 살고 있는 모습이 바로 전생
의 모습이며, 다음에 올 내생이 궁금하여 알고 싶다면, 바로 지금 살고
있는 그대의 모습이 바로 다음 생의 거울이라는 뜻이다.

'벼슬이 하나면 지옥이 3천 개'라는 말이 있다. 우리는 삶을 살아가
는 동안 선업이건 악업이건 수없이 되풀이하게 된다. 다만 꼭 기억해 둘
일은 선업이건 악업이건 인과의 다리를 건너 반드시 찾아온다는 이 진
리만은 절대 긍정 속에 살아야 할 것이다.

소유를 후회하다

아무것도 가진 것이 없는 한 수행자가 숲 속에서 명상을 하고 있었다.

어느 날 다른 수행자 한 사람이 찾아와 그에게 힌두교의 경전 한 권을 주고 갔다. 그에게는 이 경전 한 권이 전 재산이었으며 매일 열심히 읽었고 소중하게 보관하고 있었다.

그러던 어느날 그 아끼던 경전의 모서리를 쥐가 몰래 뜯어 먹었다.

이 수행자는 쥐로부터 경전을 보호하기 위해 고양이를 구해서 기르게 되었다. 고양이를 기르게 되자 고양이는 새끼를 낳았고 그들을 키우려니 우유가 필요해서 이번에는 젖소를 한 마리 구했다.

이렇게 되자 수행자는 이 가축을 혼자 돌보기가 어렵게 되고 명상도 제대

로 할 수가 없었다, 그래서 생각 끝에 젖소와 고양이 떼를 길러 줄 여자
를 한 사람 구했다.

　숲 속에서 여러 해 세월이 흐르는 동안 커다란 집과 아내와 두 아이들
과 고양이 떼와 젖소 떼들과 그 밖의 자질구레한 살림들이 불어나 버렸
다. 사태가 여기에 이르자 그는 본래 목적이었던 명상수행을 계속할 수
없음을 알고 후회하게 된다는 줄거리다.

　난독(亂讀)을 하다 보니 어느 책에선가 읽었는데 그 내용이 시사하는
바가 커서 기억을 옮겨 보았다.

　십수 년 전 인도 성지순례 도중 마하트마 간디의 고택을 방문했을 때
그의 방에는 힌두경전 한 권과 낡아빠진 안경, 그리고 물레 하나만이 놓
여 있었다. 성철 종정 스님이 입적하실 때도 오십 년간 입었던 다 헤진
분소의 한 벌, 몽당연필 한 자루, 그리고 고무신 한 켤레가 살림의 전부
였다.

　우리들의 속가(俗家)생
활도 없어서는 안 될 '필
수품'과 갖고 싶은 '소유
품'을 엄격히 구별하는
지혜와 의지만 있다면 부
질없는 물질에 갇히지 않
고 훨씬 더 밝고 투명한
삶을 살 수 있을 것이다.

초인(超人)을 그리며
Missing Nirvana
(104×52㎝) Acrylic on Canvas

제환공의 순현업(順現業)

춘추시대 다섯 패자 중 첫째였던 제(齊)나라 환공(桓公)이 패자가 되는데 결정적인 역할을 했던 두 사람이 바로 오늘날까지 회자되고 있는 관포지교(管鮑之交)의 주인공 관중과 포숙아다. 제나라를 중원 제일의 국가로 만들고 환공을 패자의 반열에 세웠던 관중도 나이가 들어 환공보다 먼저 병석에 눕게 되자 문병 온 환공에게 이렇게 유언을 남긴다.

"역아, 수초, 개방 세 사람을 가까이 하지 마소서. 이들은 탐욕과 시기심이 많고 끊임없이 주공께 주색잡기(酒色雜技)를 권한 자들이옵니다. 절대 가까이 하지 마소서."

환공이 놀라면서 그 세 사람은 자기를 섬긴 지도 오래 되었고 또 그동안 아무 말이 없다가 왜 이제 와서 멀리하라 유언하는 것인지 묻지 않을 수 없었다.

"신이 지금껏 지켜만 보았던 것은 주공께서 그들을 워낙 총애하셨기 때문입니다. 그것은 비유컨대 강물과 같은 것입니다. 신이 제방이 되어 흐르는 강물이 넘치지 않도록 지키고 있었으나 이제 그 제방이 무너지게 되었습니다. 장차 물이 넘치는 재앙이 없도록 그들을 멀리 하소서."

유언을 남기고 관중이 서거하자 습붕이 재상을 맡았다. 습붕은 관중이 잡아놓은 토대를 바탕으로 큰 변동 없이 국사를 돌보자 나라는 예전 대로 잘 다스려졌으나 평소 병약했던 그는 일 년을 넘기지 못하고 병석에 눕게 되었다. 병석에서 습붕은 유언을 써서 환공에게 전했다.

"역아, 수초, 개방을 내쫓은 후 주공께서 매우 무료하고 허전해 하심을 잘 알고 있으며 그들 또한 복직을 위해 백방으로 뛰고 있음도 잘 알고 있사옵니다. 그러나 그들이 복직하는 날부터 제나라의 운명은 심히 위태로워질 것인즉 신의 생각 또한 전날 관중의 생각과 다를 바가 없습니다."

얼마 후 습붕이 서거했다. 환공이 이번에는 포숙아에게 재상자리를 권하자 포숙아가 이렇게 말한다.

"정치에서는 때로 작은 악은 모르는 체 포용도 해야 되는데 신은 관중만큼 너그럽지 못하고 습붕만큼 완벽하고 치밀하지도 못합니다. 그러나 굳이 맡기실 만한 인물이 없다면 신이 맡도록 하겠습니다. 다만 역아, 수초, 개방 삼인은 대악(大惡)의 소인배들이므로 다시 불러들이지 않겠다는 약속을 해 주십시오."

그만한 경륜을 지닌 인물도 없는 터라 환공이 마지못해 청을 들어주는 조건으로 포숙아는 재상이 되었고 모든 정사는 별 탈없이 이어져 나라는 계속 태평과 안정을 유지하게 되었다.

그 후 3년이 지나 제환공 제위 42년에 아무래도 무료함과 잔재미를 잊지 못한 환공은 슬며시 역아, 수초, 개방을 다시 불러들였다.

날마다 주악과 음탕한 잔치를 보다 못한 포숙아가 수차례 상소를 하고 피를 토하듯 말렸으나 끝내 환공은 말을 듣지 않았다. 포숙아는 제나라의 운명을 생각하는 깊은 시름과 함께 불의를 참지 못한 곧은 성격 탓으로 병석에 눕게 되자 이내 세상을 등지고 말았다. 그 후 칠순이 넘은 환공마저 병석에 눕게 되었다. 환공의 병세가 회복의 가능성이 없게 되자 세 사람은 서로 공모하여 환공의 침실 주변에 사람 키 두 배가 넘는 담을 둘러쳐 누구도 접근을 못하게 했다.

시종이나 전의를 아무리 불러도 나타나질 않았고 물 한 잔도 얻어 마실 수가 없었다. 담장 밖에는 세 사람이 짜고 밤낮으로 지키니 감히 접근도 못한 채 환공은 병든 몸으로 굶주려 죽어갔다.

관중, 습붕, 포숙아가 그토록 만류했던 역아, 수초, 개방 삼인의 공적(公敵)을 다시 불러들인 죄업으로 서서히 죽어가는 공적(空寂)의 순현업을 확인해가며 후회하고 또 후회한 73세의 서거였다. 죽은 뒤에도 한참 동안 시신을 수습치 않아 시체 썩는 냄새가 침실 밖까지 진동을 했고 장기에서 생겨난 시충(尸蟲)들이 담장 밖까지 기어 다녔다. 천하를 제패했던 영웅의 말로치고는 너무도 비참한 최후였다.

불교에서는 훈습(熏習)이라는 단어를 무겁게 다룬다. 훈습이란 은근히 스며드는 습관 또는 본인이 인지하지 못한 사이 반복되는 행위로서 중생은 훈습에 따라 사는 존재다. 우리가 다겁생래(多劫生來)로 지어오던 누겁의 습기(習氣)를 하루 아침에 녹일 수는 없다. 선근에 따라 빠른 사람도 있겠지만 대다수 오랫동안 닦아야 떨어지는 것이다.

『중아함경』에 이르기를 '사람의 행위는 땅에 심은 씨앗과 같아서 비가 내리면 싹이 트고 성장하여 열매를 맺는다. 이와 같이 중생들의 선악 행위도 반드시 성숙하여 과보를 가져오게 되나니 현세나 내세나 그 열매를 먹을 수밖에 없다'고 쓰여 있다. 작업(作業)의 무서움을 알고 살자는 얘기이다.

철인의 명언

　지금은 공자(孔子)가 살았던 시절에 비하면 인간의 수명이 훨씬 길어졌다. 그래서 꼭 일치한다고 할 수는 없겠으나 그가 사람의 수명을 놓고 본질의 실상을 내면(內面)으로 접근하여 구분해 놓은 세대별 지적은 참으로 성인다운 면모의 한 부분이라 아니할 수 없다.

　공자는 사람의 일생을 여섯 단계로 나누어 열다섯 살에(吾十有五而志學) 학문에 뜻을 둔다는 말로 지학(志學)을 논했고 서른 살에(三十而立) 경륜의 뜻을 세운다 하여 입지(立志)를 말했다.

　마흔살에(四十而不惑) 세상의 유혹으로부터 흔들지지 않는 가치관을 갖게 된다 하여 불혹(不惑)을 말했고 오십의 나이를(五十而知天命) 하늘의 뜻을 안다는 지천명(知天命)이라는 무거운 단어를 내 놓았다. 이것은 그동안의 경험을 통한 도리의 흐름 즉 민심의 소재(民心卽天心)를 말한 것이다. 육십에 접어(六十而耳順) 무슨 말을 들어도 유유자적(悠悠自適)하는 여유와 도량을 지녀야 한다고 이순(耳順)이라 했다. 드디어 칠십에 이르러(七十而從心所欲不踰矩) 마음이 가는대로 행동하더라도 걸림이 없다 하여 종심소욕(從心所欲)이라 말했다.

　생태학적으로 동물은 성장기간의 다섯 배를 산다고 한다. 그렇다면 사람은 25세까지 성장한다고 볼 때 125세까지를 천수로 볼 수가 있고 이것의 절반 가량을 60으로 잡아 환갑(還甲)으로 계산했던 것은 상당한 근거를 가진 과학적 계산법으로 볼 수가 있다.

공자는 무슨 생각으로 70 나이까지만 정리했으나 요즘은 식생활의 풍요와 의학의 발달 때문인지 문상(問喪)을 하다 보면 망자가 80이 넘어야 호상(好喪)대접을 하는 시대가 되었다. 40여 년 전에는 환갑, 20여 년 전에는 70만 지나면 호상이라 했고 70을 고희(古稀), 77세를 희수(喜壽)라 하여 매우 반겼던 것을 보면 이때까지 살아온 사람이 매우 드물었다는 의미도 된다.

81세가 되면 90까지 살기를 바라는 마음에서 망구(望九)라 했고 우리말의 '할망구' 라는 말도 여기서 유래되었으며 88세가 되면 미수(米壽)라 했는데 이는 쌀 미(米)자를 상하로 파자해 보면 팔십팔(八十八)로 이해가 된다. 90이 되면 모질(髦耋)이라 하였는데 이는 몸의 터럭까지도 다 늙었다는 의미로 '사는 것이 모질다' 라는 말 또한 여기서 비롯되었다. 또 99세를 백수(白壽)라 하여 일백 백(百)에서 머리 하나를 뗀 흰 백(白)자를 써서 이름 붙였다.

공자 시절에도 진(秦) 목공이 70이 넘은 백리해(百里奚)를 재상으로 삼았고 더 고대로 내려가면 강태공 여상(呂尙)은 나이 80에 주(周) 문왕의 상부가 되었다. 이것으로 보아 백수를 누린 사람도 분명 있을 법 한데 70까지만 구체적으로 정리해 놓은 것을 보면 공자는 덮어놓고 오래 산다는 것 자체를 욕스러운 생애로 봄직도 하다.

굳이 사회학자의 말을 빌리지 않더라도 우리나라 5천년 역사상 어느 시대, 어느 왕조와 비교해 보아도 1980년대 이후부터 지금이 가장 잘

사는, 특히 경제적 풍요를 누려본 시대가 일찍이 없었다고 한다.

작년 6월 우연히 보게 된 어떤 TV방송의 밤 11시 프로 '스타의 집 소개' 코너에서 보여준 2백 켤레 수납이 가능한 신발장, 120년 된 영국산 탁자, 5톤짜리 통 대리석을 깎아 만든 거대한 조각상, 5층 빌라 건물의 두 개 층을 터서 개조해 만든 궁전 같은 거실, 외제 수입품 먹이를 잡수시고 계시는 옷 입은 애완견, 번쩍거리는 외제 대형 승용차 등…… 일반 서민들에게 열등감과 위화감만 안겨주는 이런 프로의 제작 의도가 무엇인지 알 수가 없다.

내 돈 내 마음대로 쓴다지만 부(富)의 사용을 그렇게밖에 할 수 없는 것인지, 한 번만 눈높이를 낮추고 보면 전국 460만에 이르는, 국가 보조 없이는 살 수 없는 절대 빈곤층이 바로 코앞에 있다. 우리들 주변에는 머릿속 살림이 부실하고 메마른 가슴들이 많다 보니 아파트 평수(?) 경쟁과 외화내허병(外華內虛病)의 중증에 시달리며 오로지 안이비설신(眼耳鼻舌身)의 육보시(肉布施) 호강을 인생의 목표로 삼고 사는 이들을 심심치 않게 볼 수 있다.

사람이 죽어서 마지막 가는 길에 입는 옷을 수의(壽衣)라고 하는데 예로부터 수의에는 주머니가 없다. 재물도 명예도 권력도 어느 것 하나 다음 생으로 가지고 갈 수 없음을 뜻한다. 그 의미가 무엇일까?

얼마 전에 열반하신 서암 큰스님 법문에 '육체란 평생 입혀주고 먹여주고 닦아주고 보여주고 종노릇 해봐야 깨진 독에 물붓기로 결국 늙어가고 병들어 죽어간다. 항상 육신은 영혼을 배반할 뿐이다'고 하셨다.

서암 스님뿐 아니라 불교계의 선지식들은 한결같이 육신호강을 경계하라는 말씀들을 남기셨다.

　2천5백년 전에 성현 공자가 남긴 말씀 또한 오늘날에도 한 치의 오차
없이 그대로 적용되기에 진리는 영원하다고 한 것이다. 공자께서 세대
별로 내다본 이 기준이야말로 우리가 지키고 걸어야 할 삶의 중심이라
할 수 있다. 육신을 도와주는 탐욕의 삶이 아니라 스스로를 관찰하며 인
생의 의미와 빛깔을 조율할 줄 아는 이성적 자세를 가져야 함을 말씀하
신 듯하다.

추일(秋日)의 산사(山寺)
A Temple in fall (73×54cm) Acrylic on Canvas

개자추(介子推)의 충절

춘추시대 두 번째 패자였던 진(晉)나라의 문공(文公)은 젊은 시절 매우 불우했다. 진헌공의 둘째 아들로 태어난 중이(重耳)는 어린 시절부터 영특하고 인품이 고결한 효자였으나 서모 여희의 모함을 받아 형인 신생은 자살하고 중이는 본국을 탈출하여 유랑걸식을 하게 되었다. 43세에 책나라로, 55세 때는 제나라로, 61세 때는 진(秦)나라로 피해 다니다가 환갑이 지난 62세가 되어서야 망명 20년 만에 고국으로 돌아와 진 문공으로 등극했다.

중이가 이 나라 저 나라로 떠돌아다닐 때 많은 영웅호걸들이 중이의 인품에 감복하여 함께 동행을 자처하던 인물 중에 개자추라는 곧은 선비가 끼어 있었다. 그러나 가는 곳마다 진(晉)나라의 보복이 두려워 중이의 일행을 푸대접하거나 성문조차 열어주지 않았다.

위나라에서 문전박대 당하고 며칠 동안을 굶주리며 헤매다가 끝내 모든 것을 포기하고 중이는 일행들에게 고향으로 돌아가라 이르고 본인은 죽음을 각오하게 된다. 이때 개자추는 자신의 허벅지 살을 베어 국을 끓여 아사(餓死) 직전의 중이를 살려내고 그를 위로하여 용기를 잃지 않도록 도와주었다.

훗날 본국으로 돌아와 중이가 진 문공으로 등극한 후 논공행상이 주어졌는데 누구보다 오랫동안 중이를 모셔왔고 많은 가르침을 주고 자신의 육신까지 던져서 섬겨왔건만 웬일인지 개자추의 이름은 빠져 있었다. 그런가 하면 이름도 얼굴도 낯선 자들이 이리저리 뇌물을 써서 공신 반열에 끼어드는 꼴에 환멸을 느껴 개자추는 말없이 낙향을 해버렸다.

사마천의 『사기(史記)』에 '도리무언 하자성혜(桃李無言 下自成蹊)'라 했던가. 복숭아와 배나무는 아무 말이 없어도 그 아래 저절로 길이 생긴다고 했다. 하루하루 짚신을 삼아 모친을 봉양하는 개자추의 지극한 효심과 선비로서 지켜가는 절의와 품행이 워낙 반듯하여 온 고을에 소문이 돌아 많은 사람들이 그의 가르침을 배우고자 찾아오게 되었다. 이때 같은 마을에 살던 친구 해장(解張)이 개자추의 과거 행적과 현재의 모습을 소상히 밝힌 상소문을 고을 수장을 통해 문공에게 올리게 되었다. 이를 읽어본 문공이 눈물을 흘리면서 잠시 잊어버렸던 개자추를 빨리 찾으라고 먼저 파발을 띄우고 문공 자신이 몸소 영접하기 위해 준비를 서둘렀다.

파발을 받은 고을 수장과 친구 해장이 개자추를 찾아가 저간의 사정을 말하자, 그날 밤 개자추는 아무도 모르게 늙은 어머니를 등에 업고 면산(綿山)으로 들어가 버렸다. 친구의 성의는 고마웠지만 이미 벼슬로부터 마음을 비워버린 개자추는 깊은 산 속에 초려를 짓고 풀옷을 입으며 청렴한 선비의 모습으로 남은 여생을 살아갈 결심이었다.

문공이 수하 장졸들을 대동하고 개자추의 집에 도착했을 때는 이미 아무도 없었다. 혹시 면산으로 가지 않았을까 짐작한 해장의 길 안내로 문공은 면산 입구에 들어와 아무리 개자추를 불러도 한 번 숨어버린 그는 대답이 없었다.

그때 문공 곁에서 누군가 '산에다 불을 지르면 효성이 지극한 그가 어미를 죽일 수 없어 내려오지 않겠느냐'는 진언에 따라 산에다 불을 놓았다. 3일 동안 온 산이 다 타고 불은 꺼졌지만 개자추는 끝내 내려오지 않았다. 다만 아들과 어미가 서로 끌어안고 버드나무 밑에서 타 죽은 두 해골과 문공이 유랑하던 시절 개자추에게 주었던 작은 부싯돌 한 개만을 장졸들이 수습하여 돌아왔다. 그것을 본 문공은 하염없이 울면서 이렇게 말했다.

'지난 20여 년 동안 그대의 충절이 없었다면 내 어찌 오늘의 기쁨이 있었겠느냐. 살아서는 육신을 베어 나를 살리더니 죽어서는 목숨을 걸고 군주의 도를 다하라 가르치는구나' 하며 탄식했다.

문공은 면산 아래에다 개자추 모자를 성대한 예를 갖춰 장사 지낸 후 사당을 별도로 지어 매년 제사를 받들도록 하고 면산의 이름을 개자추의 이름을 따서 개산(介山)이라 개칭케 했다. 그 후 진나라 사람들은 개자추를 사모하는 뜻에서 해마다 3월이 되면 불에 타 죽은 그의 고통을 생각하여 불을 피우지 않고 찬 음식을 먹었다.

후세 사람들이 그 고을을 현(縣)으로 승격시켰고 개자추의 영혼이 쉬고 있는 곳이라 하여 개휴(介休)라는 지명으로 현재까지도 불리워지고 있다. 그리고 지금도 그날이 오면 미리 마르고 찬 음식을 준비했다가 냉수와 함께 먹는다 하여 오늘날 우리에게까지 전해지고 있으니 그날이 바로 한식일(寒食日)다. 이렇듯 한식일 뒤에는 2천4백년 전 충절의 선비 개자추가 있었다.

불교에 사섭법(四攝法)이라는 실천행이 있다. 재물이나 진리를 타인에게 베푼 보시섭(布施攝), 부드럽고 공손한 말씨로 감싸주는 애어섭(愛語攝), 이익과 덕을 양보하는 선행의 이행섭(利行攝), 타인의 고통과 고락을 함께 나누는 동사섭(同事攝) 등 4가지 실천행, 즉 사섭법의 모두를 개자추는 성실하게 지킨 사람이다. 태어나서[生] 머물다가[住] 변하고[異] 사라지는[滅] 과정을 정확히 알고 떠난 사람이 지금 우리 주변에는 얼마나 있을까 한 번쯤 돌아볼 일이다.

여여일상 (如如日常)
The Constant Everday Life (55×34㎝) Acrylic on Canvas

피안공심(彼岸空心)
Cleared spirit (48×48㎝) Acrylic on Canvas

194

추일서정(秋日抒情)
Fall in Mood (48×48㎝) Acrylic on Canvas

195

피안(彼岸)의 일상(日常)
Everyday Life in Nirvana (104×52㎝) Acrylic on Canvas

불혼무(佛魂舞)
Buddhist dance (73×54㎝) Acrylic on Canvas

석 양(夕陽)
Sunset (73×54㎝) Acrylic on Canvas

천년발원(千年發願)
Millenarian Prayer (73×54㎝) Acrylic on Canvas

추 상(秋想)
Wind Blowing in fall (73×50㎝) Acrylic on Canvas

> 끌어모아서 얽어매면 한 칸 모옥(茅屋)
> 풀어헤치면 본래의 들판이어라
> 까닭없이 지수화풍(地水火風) 끌어모아서
> 나(我)라고 생각하는 어리석은 짓이여.
>
> – 일본 어느 노승의 열반송 –

위과(魏顆)의 결단

진(秦)나라 환공이 두회(杜回)라는 용장을 앞세워 진(晋)의 국경을 쳐들어오자 진에서는 대장군 위과가 막아 싸웠으나 워낙 두회의 용맹이 뛰어나 전선은 마구 유린당하고 있었다. 위과는 전선에서 고민하다가 깜박 잠이 들었는데 꿈속에서 어떤 노인이 나타나 '청초파, 청초파' 하고 속삭이다 사라졌다.

위과는 다음날 아침 전장터에 청초파(靑草坡)라는 언덕이 있음을 확인하고 혹시나 하는 생각에서 약간의 군사를 그 언덕에다 매복시켰는데 이상한 일이 벌어졌다. 도포를 입은 한 노인이 두회가 움직일 때마다 한 묶음씩의 풀을 매잡아 걷지를 못하게 했는데 그 모습은 위과의 눈에만 보였다. 이때 매복한 군사들이 풀단에 걸려 비틀거리는 두회에게 일제히 덤벼들어 그를 잡아 죽이자 진의 군대는 여지없이 무너져 위과는 대승할 수 있었다.

그날 밤 위과의 꿈에 낮에 본 노인이 다시 나타나 정중하게 인사하며 이렇게 말했다. '저는 조희(曹姬)의 애비 되는 사람이올시다. 장군이 내 딸을 살려주었을 뿐 아니라 좋은 사람에게 개가(改家)시켜 주신 은혜를 다소나마 갚고자 돕게 되었습니다. 장군의 후손들은 대대로 왕후장상

(王侯將相)이 될 것입니다’ 하고 사라졌다.

조희는 위과의 부친 위주의 어린 애첩이었다. 위주 역시 진문공 시절에 유명한 장수였고 위주가 전쟁에 나갈 때마다 장남인 위과를 불러 ‘만약 내가 전장에서 죽거든 조희는 나이가 어리니 나와 함께 순장(殉葬)하지 말고 좋은 사람을 골라 개가시켜 주도록 하라’고 입버릇처럼 당부해서 가족들도 대강은 알고 있었다. 그러나 위주가 전쟁터가 아니라 집에서 늙고 병들어 죽게 되자 말이 달라졌다. ‘조희는 내가 평소 아끼고 사랑하던 여자이니 나와 함께 묻어다오’라고 엉뚱한 유언을 남긴 것이다.

위과는 ‘돌아가시기 직전 혼미한 상태에서 하신 유언보다는 평소 맑은 정신으로 당부하신 뜻에 따라야 한다’고 가족들을 설득한 후 서모 조희에게 좋은 선비를 골라 개가시켜 주었다. 이러한 위과의 음덕(陰德)이 있었기에 조희의 친정아버지 혼령이 나타나 전쟁터에서 풀을 맺어 그 은혜를 갚았다 하여 결초보은(結草報恩)이라는 말이 생겨났다.

우리들은 오늘날까지도 타인에게 무거운 신세를 지게 되면 이 말을 곧잘 쓰면서 살아간다. 우리들도 집안의 어른들이 돌아가실 무렵 임종 직전의 말씀과 평소에 하신 말씀이 서로 다를 경우 어느 쪽을 선택할 것인지를 잘 보여주는 좋은 선례라 할 수 있다.

내 이웃에 이런 가정이 있었다. 삼남매를 둔 안 노인이 큰아들 사업실패로 부득이 둘째 아들네 집으로 옮기게 되었는데 떠나면서 큰아들 내외에게 이렇게 당부하셨다.

“너희들 형편이 어려워 내 둘째네 집으로 간다만 꼭 한 가지만 부탁하자. 나는 지난 50년간을 부처님 시봉하며 살아온 불제자인데 둘째 며느리가 종교가 달라 조상님들 제사는 고사하고 저를 예뻐했던 시아버지 제사에도 오지를 않았다. 그런저런 일로 내 속이 몹시 상했는데 아마 그 집으로 가면 내가 종교를 바꾸지 않고는 함께 살기 어려울 것이다. 혹여 너희들이 나를 다시 데리러 오기 전에 내가 그 집에서 죽게 되거든 반드시 불교식으로 장례를 치러다오. 육신은 꼭 화장을 하고 명부는 너희 아버지 위패가 모셔져 있는 절에 함께 있게 해다오. 거듭거듭 부탁하니 명심하거라" 하고 어머니는 둘째네로 가셨다.

가신 지 1년이 못 되어 둘째 며느리 종교에 동행할 수밖에 없었고 3년 후에 돌아가셨다. 나중에 안 일이지만 어머니는 둘째네로 가신 뒤에도 아무도 모르게 예전에 다니시던 절에 가끔씩 들러 스님들과 불자들을 만나곤 하셨다고 한다. 어머니의 장례 때문에 삼남매가 모두 모였다. 큰 아들은 어머니 유언을 꺼내 보았으나 동생 내외에게 경제적으로 도움까지 받고 있는 처지라 장남의 권위를 세울 수도 없고, 동생 부인의 고집을 꺾지도 못해 결국 둘째네 종교대로 장례를 치르고 그 종교의 묘지에 안장하였다. 돌아가신 아버지 어머니의 위패는 자식들 종교 때문에 나란히 모셔지지 못한 채 두 영혼이 이별한 것이다.

어느 날 큰아들 되는 이가 필자를 찾아와 어머니의 간곡한 유훈을 받들지 못한 불효자식이라고 눈물을 흘리며 괴로워했다. 나는 결초보은에 나타난 '위과의 결단' 을 들려주면서 어줍지 않는 조언을 해 주었다.

"3년이 지났으면 어머니의 시신은 이미 육탈이 되었을 게요. 동생 모르게 관을 파내서 어머니 소원대로 화장을 시켜드리고 당신이 원하던 절에다 아버지와 나란히 영정을 모시고 천도재라도 올려드리시오. 다만 빈 관은 그대로 그 자리에 묻어두고 은밀히 진행하여 형제간의 우애도 지키고, 어머니 소원도 풀어드리고 무엇보다 당신의 무거운 마음을 그만 내려놔야 하지 않겠소?"

얼마 후 군에서 제대한 아들이 돌아오자 부자가 상의하여 그대로 실행했고 천도재를 지내던 날 밤 절에서 잠을 잤는데 부자가 똑같은 꿈을 꾸었다. 돌아가신 후 한 번도 나타나지 않았던 아버지 어머니가 나란히 손을 잡고 오셔서 특히 아들 머리를 쓰다듬어 주시며 '고맙다 우리 장손, 고맙다 우리 장손'을 거듭 말씀하시던 중에 꿈을 깼다고 한다. 지금은 사업하다 실패한 회사도 법정관리에서 풀려나 서서히 힘을 찾아가고 있고 그 아들은 작년에 사법고시에 합격하여 지금 연수원에 가 있다. 부모님 위패가 모셔져 있는 절에서 가끔 그를 만나면 늘 고마워했다.

그의 어머니 입장에서 보면 젊은 시절부터 50년이 넘도록 한 종교를 믿고[信] 서원(誓願)하고 수행(修行)한 후 '하처래(何處來) 하처거(何處去)' 인연 따라 왔다가 그 인연이 다해 가는 것일 뿐이다. 그것은 인생유전의 한 질서이건만 후생들이 임의로 망자의 소망을 무시하거나 자신의 생각대로 재단해 버리는 것은 결코 효(孝)라고 말할 수는 없다.

여기에 '효'란 어머니의 소망을 들어주는 것을 뜻하며 내 생각대로, 내 판단대로 실행해 버렸을 때 이것을 효의 반대라 할 것이다.

대인들의 혜안

진(晉)의 대장군 기혜(祁傒)는 나이 70에 이르러 후진들에게 길을 터 주고자 진도공의 만류에도 불구하고 사퇴의 뜻을 굽히지 않자 도공은 체념한 듯 후임자에 대해 기혜의 추천을 물었다. 인사는 군왕의 권한이 라며 사양했으나 거듭된 질문에 '신에게 굳이 물으신다면 해호(解狐)가 가장 적임자'라고 대답했다. 너무도 의외의 인물 천거에 당황한 것은 오히려 도공이었다.

"해호는 20년 전 정나라와 전쟁 때 군율을 어겨 그대 선친을 전사케 한 그 사람이 아닌가? 어찌하여 그대는 자신의 아비를 죽게 만든 원수 를 천거한단 말인가?"

기혜가 다시 대답했다.

"주상께서는 이 나라의 병권을 맡길 대장군의 적임자를 물으셨지 신 의 개인적인 감정을 묻진 않았습니다."

"……."

*

미국 남북전쟁 때 남부의 대통령 제퍼슨 데이비스가 어느날 총사령관
인 리 장군을 불러 어떤 장교에 대해서 묻자 리 장군은 이렇게 대답했다.

"그는 유능하고 용기있는 장교입니다. 각하가 구상하고 계시는 그 어
려운 일을 확실하게 완수할 수 있는 책임감이 투철한 장교입니다."

흡족해 하는 대통령과 면담을 끝내고 나오는 길에 함께 동석했던 참
모장이 정색을 하며 리 장군에게 물었다.

"그를 유능한 장교라고 추천하시다니요? 그는 틈만 나면 사령관님을
비난하고 헐뜯으며 심지어 사령관님은 빨리 퇴역해야 된다고 떠들고 다
닌 것을 몰라서 그를 추천하시는 겁니까?"

리 장군이 이렇게 대답했다.

"대통령께서는 그 장교에 대한 군인으로서 능력을 물으셨지 나의 개
인적인 감정을 묻지 않으셨네."

"……"

*

조선조 제4대 세종의 고굉지신(股肱之臣)들인 황희, 맹사성, 김종서
사이에도 이런 일화가 있다. 영의정 황희가 어느 날 병조판서 김종서를
불러 호되게 꾸짖고 있었다. 김종서는 10여 년 동안 함길도 변방에서
육진(六鎭) 개척에 온 힘을 다 쏟아 지금의 국경선인 압록강 북쪽 함경
북도 일대까지 국토를 넓히고 안정시킨 그 공이 인정되어 내직인 판서
(判書)에 제수되었다.

김종서는 영전되어 한양으로 돌아오던 길에 평소 존경하던 황희 정승

이 해수(咳嗽)병으로 고생한다는 말을 들었다. 그리고 기침에 꿀이 좋다는 말을 듣고 꿀 한 병을 구해와 황희에게 전한 것이 화근이었다.

'아프면 약 지어 먹고, 고프면 주린 배 채우면 그만인 것을, 한 나라 판서쯤 되는 사람이 꿀병 따위나 들고 다닌대서야 체면이 뭐가 되느냐'는 불호령이 떨어졌다. 김종서는 내 것 주고 뺨맞는 격이었지만 평소 존경하던 선배라서 아무런 대꾸도 못하고 사려 깊지 못했던 점을 깊이 사죄한 후 그 자리를 물러 나왔다. 곁에서 그 모습을 지켜보던 좌의정 맹사성이 김종서가 당하는 꼴이 보기에 민망했던지 한마디 거들었다.

"김종서 대감도 당대의 인물인데 어찌 그리 면박을 주십니까? 그는 공(公)과 사(私)가 분명하고 평소 인품으로 보아 사사로운 욕심이나 채우는 졸장부도 아닙니다. 다만 대감의 해수에 좋다는 말을 듣고 기껏 꿀 한 병 구해온 것을 무슨 금은보화나 된 것처럼 그리도 용납을 못하시고 호되게 내치십니까?"

황희는 자기보다 오히려 더 청빈한 맹사성의 핀잔에 빙그레 웃으며 이렇게 말했다.

"김종서의 능력이나 인물됨을 내가 왜 모르겠습니까? 그러나 종서는 무장(武將)이라서인지 성질이 급하고 기운이 강하여 하는 일이 지나치게 과감하고 끊고 맺음이 너무도 철저합니다. 그래서 혹여 주변에 적을 만들까 염려되어 더러는 우리가 적당히 기를 꺾어 놓고 깨우쳐서 훗날의 경솔을 가르치는 것입니다. 그대나 내가 머지않아 은퇴한 뒤 나라의 백년대계를 믿고 추천할 만한 인물이 바로 그 사람이기에 더 큰 그릇이 될 수 있도록 우리가 두드려서 옥(玉)으로 만들어야지요."

과연 뒷날 황희는 퇴임할 때 종서를 천거하여 자기를 대신케 하였다.

『명심보감』 교우편에 이런 구절이 있다. '상식만천하(相識滿天下) 지심능기인(知心能幾人),' 서로 알고 지내는 사람은 세상에 가득하지만 마음을 읽으며 지내는 사람은 몇이나 되겠는가 하는 의미다.

기혜는 해호가 자신의 선친을 전사케 한 부모의 원수였지만 공(公)과 사(私)를 분명하게 구분하였고, 리 장군 역시 젊은 사관의 입방아 때문에 곤혹을 당하면서도 용기와 능력은 별개로 생각하는 큰 마음의 도량을 보여 주었다. 황희와 김종서, 맹사성 사이의 사랑과 존경의 큰 마음들도 역시 대인다운 모습들이다.

취모맥자(吹毛覓疵)라는 말이 있다. 오늘의 현대를 살아가는 우리들의 주변에도 '입으로 터럭을 불어가듯 남의 허물만 찾아다니는' 비열한 사람들이 있다. 정치판에서는 일명 '저격수'라 하던가?…… 공과 사가 분명하고 사심없이 일하는 큰 도량의 대인(大人)들이 있기에 이 사회는 유지되고 있는 것이다. 큰 마음들의 밝은 눈, 즉 혜안(慧眼)이야말로 부처님의 뜻이다.

간탐심과 음탐심

진시황(秦始皇)이 아직 진왕 정(政)으로 있던 시절 마지막 6국 중에 하나 남은 초(楚)나라를 치는 데는 반드시 노련한 장군 왕전(王翦)의 힘이 필요했다. 초는 그동안 진이 멸망시킨 다섯 나라와는 상황이 전혀 달랐으며 마지막 건곤일척(乾坤一擲)의 승부를 걸어야 할 만큼 만만한 상대가 아니었다. 때문에 노 장군 왕전도 신중할 것을 거듭 간했으나 탐욕이 많은 진왕 정은 기어이 초나라의 토벌을 명령한다.

이때 왕전은 다음과 같은 조건을 요구했다. '여기 적힌 밭과 저택을 모두 주신다면 가겠다.' 거기에는 함양의 기름진 땅과 저택이 즐비하게 적혀 있었다. 욕심이 많은 진왕 정은 심사가 뒤틀렸으나 들어줄 수밖에 없었다.

마침내 장군 왕전은 60만 대군을 이끌고 함곡관을 지나면서 수하 아장을 불러 '자신의 이름을 만대에 전할 사초(史草)에 올려달라'고 진왕 정에게 사람을 보냈다. 또 초나라와 전쟁 중에도 '기왕 주시는 거 좋은 동산과 못[池]이 있는 보다 훌륭한 저택을 더 달라'고 새로운 목록을 적어 기별을 보냈다. 이때 부장 몽무가 '노 장군께서는 욕심을 너무 부리는 게 아닙니까' 하고 물었다.

왕전은 빙그레 웃으며 몽무에게 귓속말로 속삭였다.

"평생을 전쟁터에서 살아온 무장인 내가 세 칸 방이면 족하지 무슨 욕심이 있겠소. 다만 진왕은 욕심이 많고 의심이 많은 사람이요. 이번 출정에 나에게 60만 대군을 내 줘 지금 국내에는 거의 군사가 없소. 만일 대군을 거느린 이 왕전이 반역이라도 하는 날에는 어떻게 한다? 진왕은 마음속으로 나를 매우 의심하고 있는 중이요. 그래서, 내가 자꾸 탐욕을 부리며 이것저것 요구한 것은 진왕을 안심시키기 위해 그의 간탐심을 역이용한 것이지 내게는 한 치의 욕심도 없소이다."

부장 몽무가 비로소 '노 장군의 지견(知見)을 이제야 알겠소' 하며 크게 감동했다고 한다. 역사 이래 간탐심과 음탐심이 많기로 사특하고 무모한 영웅 진시황 정과 견줄 만한 인물이 없음을 잘 알기에 왕전이 이런 계책을 쓴 것이다. 보스의 성격이나 이상향을 간파하지 못한 어리석은 참모는 사표를 써야 한다는 현대경영학 논리와도 일맥 상통한 왕전의 지혜였다.

불교에서 말하는 탐(貪)·진(瞋)·치(癡) 삼독(三毒) 중에 가장 먼저 거론된 것이 탐심인데 이 탐심은 간탐(慳貪)과 음탐(淫貪)으로 나누어진다. 간탐이란 장군 왕전이 요구했던 재물욕, 명예욕을 비롯 식욕, 수면욕 등이 모두 여기에 포함되며, 음탐이란 남녀관계에 있어 사람을 자기 것으로 만들려고 하는 색욕이 중심이 된다.

음탐심 또한 간탐심보다 더 무서운 결과를 가져와 우리의 역사에도 여색(女色)을 탐하다 경국(傾國)을 당한 예가 하나 둘이 아니다. 특히 중국 고대사를 보면 하(夏)의 걸왕은 유시를 정벌했을 때 얻은 말희(妹喜)에게 빠져 하나라를 잃었고, 은(殷)나라 주왕은 유소를 쳤을 때 유소의

딸 달기(妲己)를 총애하다 은을 잃었고, 주(周)나라 유왕은 포인이 보낸 포사(褒姒)에게 빠져 주를 잃어 고대 하·은·주가 모두 색욕을 탐하다 나라를 잃었다.

어디 그것뿐이겠는가. 오(吳)나라 부차 역시 적국 월나라 구천이 보낸 서시(西施)한테 빠져 구천에게 패하여 자살했으며, 앞서 거론한 진시황도 아방궁을 지어 3천 여색을 탐하다 개국 백 년도 못 되어 나라를 잃었다. 초패왕 항우에게는 우미인이, 당나라 현종에게는 양귀비(梁貴妃)가 있어 모두 나라를 잃었기에 경국지색(傾國之色)이라는 말이 지금까지도 회자되고 있는 것이다.

경전에도 '재색지화(財色之禍)는 심어독사(甚於毒蛇)'라 했다. 색은 풀 속에 숨어 있는 독사와 같은 존재로 인식하라고 가르쳤다. 탐·진·치 삼독 중에 탐욕이 왜 가장 먼저 거론되었으며, 이것을 다시 간탐과 음탐으로 구분지어 부처님께서 소상하게 말씀하셨는지 한 번쯤 깊이 관조해 볼 일이다.

천년월광(千年月光)
Moonlight Shinning over a Temple (53×34㎝) Acrylic on Canvas

살생의 교훈

고사에 '단장(斷腸)의 사연'이라는 말이 있다.

진(晉)나라 환온이란 장군이 촉(蜀)나라로 가는 도중 양자강 삼협을 지날 때 일이다. 수행원 중에 한 사람이 숲에서 놀고 있는 새끼 원숭이 한 마리를 붙잡아 막 떠나려는 배로 데리고 왔다. 그러자 어미 원숭이가 뒤를 쫓아왔으나 강을 건너지 못하고 강 언덕에서 괴성을 지르며 울고 있었다. 배는 이미 어미 원숭이의 애타는 심정은 아랑곳하지 않고 유유히 장강(長江)의 항해를 계속하고 있었다. 어미 원숭이는 강변의 언덕길을 따라 한없이 쫓아왔다.

3일 동안 밤낮으로 수로(水路) 천리 길을 동행했던 어미 원숭이는 배가 닻을 내리고 언덕 포구에 닿자마자 있는 힘을 다해 비호같이 배에 뛰어 올라왔다. 그러나 너무도 지치고 힘이 빠졌는지 새끼의 무사함을 확인한 후 그대로 절명해 버렸다. 그냥 버리기 아까워 뱃사람들이 요리를 해 먹을 생각으로 어미 원숭이의 배를 갈라보니 뱃속은 먹은 게 없어 텅 비어 있었고 너무도 극심한 슬픔 때문인지 창자가 가닥가닥 끊어져 있었다.

이후 사람들은 참기 어려운 슬픔의 고통을 '단장의 사연' 또는 '단장이 끊어지는 슬픔'이라고 표현한다. 말 못하는 짐승도 새끼를 잃었을 때의 그 슬픔과 고통은 사람과 조금도 다를 바가 없다.

필자는 젊은 시절 바다 횟집을 즐겨 찾았다. 그리고 광어와 도다리 회를 특히 즐겨 먹었다.

어느 날 동료 한 사람이 "살 한 점 붙어 있지 않는 생선이 머리와 앙상한 등뼈와 꼬리만으로 수족관 안에서 헤엄치는 것 본 일 있느냐?"고 물어왔다. 우리는 호기심이 동해서 일본에서 회 뜨는 칼 솜씨를 배워왔다는 주방장이 있는 횟집으로 모여들었다. 한참 후 주문한 광어회가 대형 접시 위에 놓여서 들어왔다. 이상한 것은 다른 횟집과 달리 접시 바닥에 무채나 당근 장식도 없이 덜렁 큰 광어 한 마리만 올려져 있었고 수족관에서 방금 꺼낸 그대로의 살아있는 모습이었다.

모두들 신기하게 관찰하고 있는데 이 집을 단골삼아 다니던 그 동료가 젓가락으로 광어 등판에서 살점을 툭 뽑아 먼저 시식을 시작했다. 이미 광어 등판은 기가 막힌 칼솜씨로 잘게 저미어져 있었다. 다른 동료들도 한 점 두 점 뽑아먹기 시작했는데 나는 왠지 호기심이 발동해서 젓가락을 들고 머리 부분을 건드려 보았다.

정말 살았는지 죽었는지 확인해 보고 싶어 머리와 주둥이 근방을 건드리다가 혼절할 일이 벌어졌다. 광어 회(?)가 내 나무젓가락을 이빨로 물어버린 것이다. 순간 젓가락을 빼려고 했지만 놓아 주질 않았다. 내 손에 전달된 광어의 마지막 힘(死力)을 확실히 인지했을 뿐 아니라 억지로 젓가락을 빼려고 했을 때 온몸에 전율을 일으키며 등판에 붙어 있던 살점들이 접시 밖으로 튀어 나간 한참 후에야 슬며시 젓가락을 놓아 주었다. 불자인 내가 그동안 무얼 먹고 살았는지 스스로 되돌아보게 하는 소름끼치는 경험을 하게 된 것이다.

나는 이 충격 이후 횟집에만 가면 그 광어가 떠올라 두 번 다시 회를 먹을 수가 없었다. 어쩌다 횟집으로 초대를 받아도 큰 상 중심에 놓여 있는 어족중생(魚族衆生)의 머리부분을 상추나 깻잎으로 덮어 주면서 극락왕생을 마음속으로 빌어준다.

동의대 이상명 교수의 한국정신과학학회에서 발표한 논문에 이런 내용이 있었다. 인체의 '에너지장(생체자기)과 업(Karma)은 섭취 음식물에 크게 좌우된다'고 전제하고 동식물이 가지고 있는 업(業)의 유효기간을 다음과 같이 정리해 놓았다.

채소, 콩, 쌀, 율무는 1~3시간, 과일류는 1시간에서 3일, 느타리, 양송이 버섯 등은 1일에서 3일간인데 반해 해삼, 멍게, 멸치, 조개, 생선알, 굴 등의 어패류는 1년, 소, 닭, 돼지, 고등어, 갈치, 홍어 등은 3년에서 5년, 복어, 붕장어, 잉어, 오소리, 가물치, 자라 등은 20년에서 30년, 개, 멧돼지, 뱀, 사슴, 노루 등은 50년에서 70년까지 인체 속에 남아 영향을 미친다고 발표했다. 우리가 왜 채식을 해야 하는지를 극명하게 보여주는 자료 중의 하나다.

속가에 섞여 살다보니 나로 인해 주변이 불편해 할 수도 있어서 죽은 지 오래된 사육(死肉)들은 그런대로 먹고 살 수밖에 없다. 그러나 내가 주빈이 되어 초대받은 경우 '지금 막 잡아서 아주 싱싱합니다'라는 살생자의 자랑을 들을 때면 그 자리가 다 끝날 때까지 그 생육(死肉)에는 눈길 한 번 주지 않는 버릇으로 굳어지게 되었다.

원숭이가 되었건 물고기나 가축에 이르기까지 새끼를 낳고 기르는 축생들이 아니라도 먹거리는 지천에 널려 있다.

부처님께서도 『법구경』을 통해 이렇게 말씀하셨다.

'위인불살 상능섭신(爲人不殺 常能攝身) 시처불살 소적무환(是處不殺 所適無患)'이라, 모든 생명은 폭력을 두려워하고 죽음을 두려워한다. 이런 도리를 자기 몸과 비교하여 남을 죽이거나 죽게 하지 말라. 폭력으로 이들을 해치는 자는 끝내 자신의 안락을 구하지 못한다고 하였다.

내 몸을 꼬집어 보고 남의 아픔을 알아야 한다고 했다. 우리의 먹거리가 되기 위해 순전히 타의에 의해 마지막 죽어가는 동물들의 원한이 인과(因果)가 되어 응보(應報)로 찾아올 때, 그 살생의 업은 그 어떤 힘으로도 피할 수 없음을 알아야 한다.

부설비찬(浮雪悲讚)

인도의 유마(維摩), 중국의 방온(龐蘊), 그리고 조선의 부설(浮雪)을 합하여 흔히 불가의 삼대 거사(三大居士)라 하였다. 그런데 필자는 젊어 한때 천3백년 전 신라인(新羅人) 부설 거사에 관한 일화를 우리 불교에 전해 내려온 '전설따라 삼천리' 쯤으로 오해했던 시절이 있었다.

부설 거사와 묘화(妙花) 부인 이야기도 아난 존자와 마등가, 원효 스님과 요석 공주, 또는 부설 거사와 거의 동시대에 살았던 의상 대사(625~702년)와 선묘 아씨 등의 야사(野史) 쯤으로 생각해 왔다. 더더욱 태어나면서부터 벙어리였던 묘화가 부설 스님 설법 한 번에 입이 터졌다느니, 서라벌 출신의 스님들이 660년 전후에(삼국통일은 668년) 삼국의 물고 물리는 처절한 전쟁 와중에 적국인 백제땅을 휘젓고 다니는 만행을 했다는 등, 병에 담긴 물이 허공에 매달렸다는 타년병반수(他年瓶返水) 얘기 등등……. 각색(脚色)이 지나친 듯 해서 그냥 그렇게 접어 두었었다. 그리고 세월이 한참 흘렀다.

지금은 세계적 토픽이 되어버린 '새만금 간척사업 반대 삼보일배'의 진원지, 정부와 갈등을 빚고 있는 '핵폐기장 절대반대'의 머리띠 두르고 누워버린 바로 그 땅, 전라북도 부안군 변산면 봉래산에 부설 거사가 세웠다는 월명암의 족적은 아직도 확실히 남아 있었다.

　한때는 호남 제일의 선원(禪院)으로 한국 불교사에 당당히 이름 석자 올렸던 월명암을 그냥 덮어놓고 지냈던 것이다. 물론 지금 변산반도 일대를 국립공원으로 꽁꽁 묶어버린 혜안(?)의 선정지덕(善政之德)에 부설의 토굴은 폐사 직전까지 내몰리고는 있었지만……

　필자는 틈나는 대로 이절 저절 떠돌아다니기 좋아하다 보니 우연한 인연으로 월명암에 들어와 묘적(妙寂) 토굴에 행장을 풀고 난 후 비로소 부설 거사가 남긴 문헌과 족적을 처음 상면하게 되었다.

　부설 거사와 묘화 부인의 실존 여부는 말할 것도 없고 그들 사이에 태어난 등운(登雲) 조사와 월명각씨(月明覺氏)가 남긴 문헌과 게송도 부설 못지 않는 대각(大覺)들이었다. 지금은 비록 넘어지고 주저앉아 가는 퇴옥(退屋)이지만 바로 이 자리에서 의상 대사가 통일삼국의 선방을 열었고 조선조 진묵 대사는 스스로 중창불사를 끝내고 17년을 수선(修禪) 안거했다고 사록(寺錄)은 전한다.

　굳이 고려의 정지상, 조선의 김시습, 근세의 최남선 등 역대 조선의 문장들이 엮어낸 '월명예찬'이 아니라도 근세사 한국 불교의 대맥(大脈)들이 여기서 수심(修心)했다. 경허당이 그랬고 용성, 고암, 탄허, 향봉, 혜안, 서옹, 월인 스님에 이르기까지 큰스님들의 젊은 수좌시절 장판 때가 묻어 있는 바로 이곳이 한극 선실(禪室)의 안방이었다.

　부설 거사의 문헌 중에 기가 막힌 '팔죽(八竹)'이라는 게송을 채집하고 여기에 옮겨본다.

차죽파죽화거죽(此竹彼竹化去竹)　　이런대로 저런대로 되어가는 대로

풍타지죽낭타죽(風打之竹浪打竹)　　바람부는 대로 물결치는 대로

죽죽반반생차죽(粥粥飯飯生此竹)　　죽이면 죽, 밥이면 밥, 이런 대로 살고

시시비비간피죽(是是非非看彼竹)　　옳으면 옳고, 그르면 그르고, 저런 대로 보고

빈객접대가세죽(賓客接待家勢竹)　　손님 접대는 집안 형편 대로

시정매매세월죽(市井賣買歲月竹)　　시정물건 사고 파는 것은 시세 대로

만사불여오심죽(萬事不如吾心竹)　　세상만사 내맘대로 되지 않아도

연연연세과연죽(然然然世過然竹)　　그렇고 그런 세상 그런대로 보내리.

　얼핏 보면 이방원이 정몽주를 떠 본 '이런들 어떠하리 저런들 어떠하리……'의 하여가(何如歌)와 출발이 유사하다고 보거나 '무슨 이따위 삶이 있어?' 하고 폄하해 버릴 수도 있을 것이다. 그러나 세상사에 적당히 대처(對處)하여 제법 아픔도 겪어본 불혹(不惑)의 나이가 지난 사람이라면 한 번쯤 읽어보라 권하고 싶다. 필자의 불로(佛路) 40년 소견으로는 '불교의 심오(深奧)'를 이만큼 은유적, 해학적, 철학적, 풍자적, 정서적으로 잘 표현한 문장도 쉽지 않은 걸작이다.

　바람에 이리저리 흔들리는 대[竹]를 빌려서, 문장의 끝줄마다 대[竹]자(字)로 마감하고, 한글로 번역해도 '대'자 돌림이 아니면 해석이 안 되는 어디 그뿐이겠는가? 다 읽고 난 뒤 적당한 시간차로 전체 대의를 떠안다 보면 촌철살인(寸鐵殺人)의 해학이 그 속에 들어 있다. 이거야말로 수천년 동안 불가의 선지식들이 그토록 권했던 '비놓끊쉬버'의 노래가 아니던가! 비워라, 놓아라, 끊어라, 쉬어라, 버려라 등(空), 등(空), 등(空)…….

젊은 시절 타 종교 기웃거렸던 사람들도 때늦게 인생의 한 고비를 꺾어 돌아온 나이가 되면 자연스럽게 산사행(山寺行)이 늘어나듯 이 글 속에 나타난 욕심 없는 '갈대의 순정'이 좋은 것이다. 접시 위에서 살점 찍어 육식(肉食) 즐기는 서양인의 정서나, 컴퓨터 중독 증세가 심한 디지털 세대의 시각으로는 이 글이 주는 진정한 허정무욕(虛靜無慾)의 철학은 아마 받아들이기 어려울 것이다.

우리나라 대부분 고찰들이 그러했지만 이곳 월명암도 6·25의 재난을 피하지 못한 채 방화(放火)되고 말았다. 다행히 5년 전에 새로 오신 젊은 주지 천곡(天谷) 스님께서 기어이 월명 성지(聖地)를 되살리겠다는 일념 하나로 제7차 중창불사가 아닌 아예 '성지복원공사'를 하고 있었다. 해발 5백 고지면 천인단애(千仞斷崖)라 할 수는 없지만 요즘 세상에 자동차 길도 없는 그런 곳에서 스님은 혼자 머슴인지, 승려인지, 기술자인지 그렇게 살고 있었다.

천둥 벼락에 전기가 끊어져도, 공사 현장에 사용되는 경운기가 고장나도, 모노레일 전동차가 애물단지 노릇을 해도, 합판 붙이고 철근 묶어서 거푸집 만들어 공구리 치는 기초공사는 또 언제 배우셨는지, 보일러 수리에서 포크레인 운전에 이르기까지 스님은 일급 정비사에 만물박사가 다 되어 있었다. 모든 악조건의 자연과 환경에 내 몸을 맞춰 한 5년 살다보니 그냥 그렇게 되더란다. 오로지 월명암 불사(佛事)가 불사(不事)가 되지 않으려고 웬만한 일은 몸으로 때우는 그의 모습에서 진한 존경심과 짠한 안쓰러움을 함께 동반했다.

현재 계획대로 간다면 2년 내에는 완공된다 하지만 시중가격 장당 50원 하는 벽돌 한 장에 운반비 3백 원을 붙여서 벽돌 30장 등에 지고 5백

고지 절벽을 올라야 하니…… 압박되는 재정부담에 온갖 장애와 비협조로 당신이 먼저 쓰러지지 않을까 걱정이 앞선다.

월명암 복원공사를 말없이 지켜보면서 천3백년 전에 이땅에서 살다 간 부설 거사를 다시 한 번 떠올려 본다. 그리고 당신의 팔죽게송 끝구절처럼 '萬事不如吾心竹, 然然然世過然竹' 세상만사 내맘대로 되지 않아도, 그렇고 그런 세상 그런대로 보내라는 그 가르침에 백 번 긍정하면서도 팽개쳐진 '월명암 달빛' 때문인지 서글픔과 허전함이 짝을 이룬다.

일체유위법(一切有爲法) 여몽환포영(如夢幻泡影)
여로역여전(如露亦如電) 응작여시관(應作如是觀)

일체 형태가 있는 모든 것은 꿈이요, 환상이요, 물거품이요, 그림자요, 이슬이요, 번개와 같은 것이니 응당 그런 줄 알고 관(觀)하라고 『금강경』 사구게에 부처님께서 일찍이 육성으로 남기셨지만, 부서져가는 월명암의 퇴락한 그림자를 붙들고 한숨짓는 주지 스님의 모습은 그래서 더욱 비창(悲愴)하고 수수(愁愁)롭게 느껴지는 것인가…….

부처님 손바닥

당나라 황제의 칙명으로 인도에 가서 불전을 구해 온 현장 법사의 천축국 기행담 속에 손오공(孫悟空)이라는 요물이 등장한다. 손오공은 보리 조사로부터 구름을 타고 하늘을 나는 등운법을 배우고 동해의 용왕에게 여의봉을 얻어 둔갑술까지 익히고 난 후 스스로 아만과 교만이 생겨 '제천대성'이라 자칭했다. 오만방자해진 손오공은 천계와 인간계를 들락거리며 온갖 말썽을 부리던 중 천계의 반도대회에 불청객으로 끼어들어 천도복숭아와 선단을 훔쳐 먹고 제멋대로 천궁을 소란케 한다. 보다 못한 옥황상제가 석가모니 부처님께 제도해 줄 것을 부탁하자 부처님과 손오공이 한판 대결을 붙게 되었다.

이때 부처님께서 '네 재주로 내 손바닥을 뛰어넘을 수 있다면 그대가 이긴 것이다. 그대가 나를 이기면 옥황상제의 천궁을 그대에게 줄 것이나 만약 지게 되면 하계에 내려가 몇 겁이 걸리더라도 다시 정법의 도를 닦아야 한다'고 말한다.

손오공은 쾌히 약속하고 등운법, 둔갑술 등 변화무쌍한 72가지의 온갖 재주를 펼치던 중에 생기가 도는 거대한 다섯 기둥을 발견하고 잠시 쉬면서 '제천대성 도차일유(齊天大聖 到此一遊)', 제천대성께서 이곳에 와서 한 번 놀고 가다 라고 쓴 다음 오줌까지 갈겨 놓고 부처님 앞에 나선다. 손오공은 부처님 손바닥을 벗어나 우주의 끝까지 다녀왔다고 기고만장하게 말하자 '네가 쓴 글씨가 내 손가락에 남아 있고 네가 싼 오줌이 아직 여기에 고여 있거늘 언제 네가 내 손바닥을 벗어났단 말이냐'라고 호통을 친다.

부처님께서는 이내 손가락을 튕겨 손오공을 오행산(五行山)에 감금시키고 '옴 마니 반메 훔'이라는 진언을 붙여 꼼짝할 수 없게 가두어 버린다. 몇 겁의 세월이 흘러 현장 법사가 인도에 가는 길에 목숨을 애걸하는 손오공을 풀어주어 그로 하여금 부처님 구법(求法)을 돕게 했다는 것이 『대당서역기(大唐西域記)』 내용임은 우리가 모두 알고 있는 사실이다.

오늘날 우리가 사는 세상에도 손오공과 같이 교만하고 매사에 상(相)을 드러내는 사람을 일컬어 '까불어 봐야 부처님 손바닥'이라는 말이 자주 인용되고 있다.

불가에 일천제(一闡提)라는 사상이 있다. 이 말은 화엄종의 '일체중생 실유불성(一切衆生 悉有佛性)'이라는, 모든 중생은(부처를 이룰 수 있는) 불성을 지니고 있다는 말에 정반대되는 말이다. 아무리 진리를 말해주고 정법을 손에 쥐어줘도 거부해 버리는 사람, 불성의 존재는 인정하면서도 오욕락에 빠져 공부하지 않는 사람, 심지어 사도(邪道)에 빠져 온갖 욕설과 비방으로 불교에 상처를 내는, 즉 방삼보계(謗三寶戒)를 범한 사람 등을 통털어 '성불할 수 없는 구제불능의 대상'을 일천제라 한다.

'인연 없는 중생은 부처님도 어쩔 수 없다'는 말도 같은 뜻이며 손오공이 바로 대표적인 인물이었다. 그래서 '무원중생 제도불능(無願衆生 濟度不能) 무연중생 제도불능(無緣衆生 濟度不能)'이라 했다. 서원을 세우지 않는 중생도 제도하기 어렵고, 인연 없는 중생도 제도하기 어렵다는 말씀이 불가에 존재한다.

부처님을 친견하고서도 부처인 줄 몰랐던 손오공이나 부처의 말씀을 전해 듣고도 끝까지 정법을 비방하고 어지럽히는 방난정법계(謗亂正法戒)를 범하는 굳이 인연 없는 중생들이 상당수에 이른다. 그들은 다음 생이나 기대할까, 이생에서 너무 힘들게 헛수고 하지 말라는 말씀과 다름 아니다.

다 향(茶香)
Spirit resembles camellia (53×34cm) Acrylic on Canvas

심상 즉 관상

송나라 때 화산계곡에서 평생 삼베옷[麻衣]만 걸치고 청빈하게 일생을 살았던 마의천(麻衣天)이라는 인물이 있었다. 그는 불교, 도교뿐 아니라 상학(相學)에서도 대가로서 많은 제자를 가르쳤는데 오늘날까지도 관상학의 원조로 불리운다고 한다.

그는 늘 제자들에게, 심상 즉 관상(心相卽觀相)이라는 말을 하면서 '미관형모 선상심전(未觀形貌 先相心田)', 얼굴을 보기 전에 마음의 상 즉 심상을 먼저 관찰하라. '심재형선 형거심후(心在形先 形居心後)', 마음이 형상 앞에 있고 형상은 마음 뒤에 머문다'고 가르쳤다.

불교에도 조예가 깊어 '만상(萬相)이 불여심상(不如心相)'이라 하여 일만 가지 상이 제아무리 좋아도 그 사람이 품고 있는 마음의 상에는 미치지 못한다고 했다. 마치 『화엄경』에 나타난 일체(一切)가 유심조(唯心造)라 했던 말씀을 상학 입장에서 뒷받침하고 있는 말에 다름 아니다.

우리가 일상에서 경험하듯 마음이 무거우면 얼굴도 따라서 어둡고 목소리마저 윤기가 없다. 또 남을 미워하고 원망하고 세상 탓을 많이 한 '네 탓'의 얼굴은 얼굴 자체가 그늘이 져 있다. 뿐만 아니라 자신의 감정을 조절하지 못한 탓에 언행(言行) 또한 불안하고 거칠어서 사람들이 기피하는 현상마저 나타난다.

반대로 마음자리를 맑고 밝게 유지한 사람은 얼굴뿐 아니라 목소리도 차분해진다. 평생을 명상과 기도로 일관해 온 성직자들이나 오랜 세월 선방수좌로 지낸 수행승들의 모습은 얼굴뿐 아니라 눈빛까지도 맑아서 우리들은 눈 맑은 스님 또는 눈 푸른 스님이라 부른다.

관상 즉 심상이라는 말은 부모에게 물려받은 미추(美醜)의 외모나, 외과적 수술 또는 화장술로 위장한 가면(假面)이 아니라, 스스로의 인생을 살아가면서 자신도 모르게 만들어 가는 마음자리의 형태를 말한다.

링컨이 말한 '나이가 40이 넘으면 본인의 얼굴은 본인의 책임'이라는 말이나, 공자가 말한 '40, 불혹(不惑)이 지나면 자신의 이름에 책임을 지라'는 말씀 또한 내면의 심상에서 만들어져 밖으로 드러나는 얼굴 모습 즉 관상도 인품 속에 포함됨을 뜻하는 말이다. 더욱 직언으로 풀자면 '나는 이런 마음씨로 세상을 살아갑니다' 하고 자신의 관상으로 자신의 심상을 광고하고 다니는 셈이 된다는 뜻이다. 그래서 심상 즉 관상의 진정한 해답은 밖에서 찾을 것이 아니라 안에서 찾아야 한다.

『금강경』 대승정종분(大乘正宗分)에 사상(四相)의 말씀이 있다. 상(相)이란 소견이나 인식, 번뇌가 고정된 형상처럼 우리 내부에 자리잡고 있는 상태를 말한다고 전제해 놓고 아상(我相), 인상(人相), 중생상(衆生相), 수자상(壽者相) 등 네 가지로 구분하여 설해 놓은 내용이다. 아상(我相)은 '나[我]'라고 하는 집착에서 벌어지는 자만의식(自慢意識)의 모든 행위요, 인상이란 '남[他]'이라고 하는 차별에서 생기는 모든 배타적 행위의 차별의식(差別意識)을 말한다. 또 중생상이란 아상의 반대적 개념으로 우리는 못난 존재라는 열등의식(劣等意識)의 형태이며, 마지막 수자상은 나이에 대한 편협된 집착으로 젊었다 늙었다 등 한계의식(限界意識)을 뜻한다. 그래서 내가 가지고 있는 내 관상은 외부의 작용을 내 안에서 어떻게 받아들이고 조복받을 것인가에 따라 결정된다. 그러기에 관상은 밖으로 드러난 '내 마음의 형태'인 것이다.

　즉 좋은 상이 부럽거든 적은 것에 만족하는 소욕지족(少欲知足)의 습관과, 모든 대상에 대해 집착하지 않는 무념(無念)의 자세와, 늘 마음을 비워낼 줄 아는 공심유지(空心維持)를 삶의 등뼈로 삼아야 한다는 말과 다름 아니다.

소동파(蘇東坡)의 분노

  소동파는 송나라의 대문호로 일찍이 그 귀재가 뛰어난 천하의 문장이 었다. 후일 『동파선희집(東坡禪喜集)』을 남길 정도로 불교에 정통했던 대거사(大居士)였지만 그가 불자가 되는데 결정적인 일화가 하나 있다.

  동파의 공부가 아직 덜 익었던 젊은 시절, 한 지역의 수장이 되어 부임해 갔더니 그 지역 금산사라는 절에 선수행을 하는 불인(佛印)이라는 큰 스님이 계셨다. 예로부터 천재 즉 바보라 했던가. 어느날 동파는 큰 스님으로부터 칭찬을 듣고 싶은 아만(我慢)이 올라와 시(詩) 한 수를 지은 후 사람을 시켜 불인 선사에게 평(評)을 받아 오게 했다.

  불인 선사가 동파의 시를 읽은 후 "흥! 구비(拘屁)다" 즉 '개 방귀' 같은 소리라고 혹평을 해 버렸다. 동파는 조정에서도 인정해 주는 젊은 문장가로 상당한 자부심을 가지고 있었기에 칭찬을 기대했다가 개 방귀 소리라는 혹평을 전해 듣고 젊은 혈기에 화를 참지 못하고 진심(瞋心)을 터뜨리고 말았다.

  동파는 그 길로 부하 장졸들을 거느리고 이 늙은 중을 요절 낼 심사로 금산사로 쳐들어갔다. 그러나 이러한 상황을 미리 내다 보았던 불인 선사는 상좌들을 시켜 사천왕문을 걸어 닫게 한 후 거기에 다음과 같은 글귀를 내다 걸게 했다.

'팔풍취부동(八風吹不動) 일비타과강(一屁打過江)', 여덟 바람에도 움직이지 않는다는 경계를 아는 사람이 개 방귀바람 한 대를 얻어맞고 강을 건너다 라는 뜻이었다.

소동파가 시근덕거리며 절 입구에 도착하여 이 글을 보자마자 얼굴이 확 달아오르며 '아차! 내 부족한 수양이 스스로 내 얼굴에 먹칠을 했구나' 하고 크게 깨달았다.

동파는 수하 장졸들을 돌려보내고 예(禮)를 갖추어 불인 선사를 친히 찾아뵌 후 그때부터 선사와 사제의 관계를 맺어 평생을 하심(下心)하며 살았다고 한다. 팔풍(八風)이란 이로움과 손실, 험담과 덕담, 칭찬과 비난, 괴로움과 즐거움 등 경계를 대함에 있어 움직이지 않는다, 즉 한 소식 이룬 사람을 뜻한다.

때려서 가르치다

여러 해 동안 수없이 많은 사찰들과 선지식들을 친견하고 돌아다니던 한 남자가 보리암에 들러 수진 노사(老師)를 만나 인가를 받을 욕심으로 법거량을 해보고 싶어 아상(我相)을 드러냈다.

"눈에 보여지는 현상들의 본성은 모두가 공(空)입니다. 마음도, 부처도, 중생도, 깨침도, 어둠도, 어리석음도, 선지식도 다 없다는 얘기입니다. 즉 아무것도 존재하지 않는다는 제 말을 어떻게 생각하십니까?"

침묵 속에 조용히 듣고 있던 노사가 대나무 죽비를 들어 세차게 후려쳤다. 갑자기 죽비로 얻어 맞은 이 사내는 놀람과 동시에 화가 끌어올라 얼굴이 험악해졌다. 그때 노사가 물었다.

"그대 말대로 아무것도 존재하지 않는다면 지금 그대의 분노(忿怒)는 도대체 어디서 오는 것인가?"

화는 났지만 노사의 말이 틀린 것은 아니었다. 그러나 이 사내도 그간의 관록이 붙어 쉽게 물러나지 않고 다시 선문답을 던졌다.

"좋습니다! 노사님, 그렇다면 극락과 지옥에 관한 내용이 윤회를 설하는 경마다 나오는데 노사께서는 지금 그것을 저에게 보여주실 수 있습니까?"

가만히 노려보고 있던 노사가 이번에는 깜짝할 사이 손바닥으로 사내의 뺨을 후려쳐 버렸다. 두 번씩이나 기습을 당한 이 사내는 그만 벌떡 일어나 두 주먹을 불끈 쥐고 잡아먹을 듯 노사를 노려보았다. 노사께서 한 마디 던졌다.

"보았는가? 지금 그대의 마음이 지옥일세!"

그 사내도 크게 어리석지는 않았던지 노사의 이 한마디에 아차! 깨달은 바가 있어 주먹을 풀고 공손하게 큰 절을 올리며 자신의 교만을 사죄했다. 노사께서 다시 한 마디 던졌다.

"젊은이! 보았는가? 지금 그대의 마음이 극락일세."

청화(清華) 큰스님 법문에 이런 말씀이 있었다.

"우리는 항시 무엇이든 존재한다, 즉 '있다는 병'에 걸려 있는 유루병(有漏病)도 끊어야 하고 아무것도 존재하지 않는다는 공병(空病)·무병(無病)도 끊어야 한다. 상(相)이 있을 수밖에 없는 어리석은 우리 중생의 눈에는 아무것도 안 보인다 하더라도 닦고 또 닦아서 상을 떠난 맑고 청정한 마음이 되면 우리 마음은 분명히 진여불성(眞如佛性)을 볼 수 있다. 진여불성이야말로 우주에 충만한 생명의 빛이다"고 하셨다.

선승의 이 한 말씀 깊이 새겨볼 일이다.

차 안(此岸) 속의 피 안(彼岸)
The Mundane world & Nirvana (53×34㎝) Acrylic on Canvas

235

지혜로운 삶

재산이 많은 인도의 한 귀족이 시종들을 거느리고 여행을 하다가 어느 가난한 어촌 마을을 들르게 되었다. 그때 한 어부가 매우 행복한 모습으로 콧노래를 부르며 가족들과 함께 고기잡는 그물을 손질하고 있었다. 귀족이 다가가서 물었다.

"무슨 좋은 일이라도 있는가? 그대는 배를 많이 가진 부자인가?"

"저는 늘 편안하지요. 그리고 저 배 한 척이 전재산입니다."

귀족은 어부가 가리키는 볼품없고 낡아빠진 조각배를 바라보며 의아해하면서 다시 물었다.

"오늘은 고기를 잡으러 바다에 나가지 않는가?"

"웬걸요. 이미 오늘 몫은 충분히 잡았습니다."

"더 많이 잡지 않고 벌써 돌아왔는가?"

"더 많이 잡아서 무엇에 쓰게요?"

"이 사람아, 많이 잡으면 그만큼 돈을 더 벌지 않겠는가? 그래서 새 배도 많이 사고 그물도 새것으로 바꿔 더 많은 고기를 잡으면 더 큰 부자가 되어 나처럼 시종도 거느리고 큰 저택에서 살면 좋지 않겠는가?"

"그리고 난 후에는 또 무엇을 하지요?"

　"그 다음에는 편안히 쉬면서 가족들과 함께 인생을 즐기며 행복한 삶을 살면 좋지 않겠는가."

　어부는 어린 딸의 맑은 미소를 바라보며 또 웃고 있는 아내의 손을 잡고 이렇게 대답했다.

　"귀족께서는 지금 제가 어떻게 살고 있다고 생각하시는지요?"

　"……."

　젖소 백 마리를 가진 부자에게 젖소는 재산(財産)이지만 한 마리 젖소밖에 없는 사람에게 그 젖소는 함께 사는 가족(家族)이다. 많은 재산을 가진 사람일수록 인생의 내면을 지켜보기 어렵다고 한다. 너무 많은 것을 가졌기 때문에 그것을 지키고 확장하는 일에만 매달려 살다 보니 진실된 삶의 깊이와 폭넓은 여유를 갖지 못한다는 뜻이다. 주어진 삶을 제대로 음미하며 살기 위해서는 삶 이외의 것에 지배당하지 않도록 매사에 만족할 줄 아는 지혜, 그래서 불가에는 늘 청빈(淸貧)한 삶을 강조한다.

　혜능 선사의 『육조단경』에, '보리본청정(菩提本淸淨) 기심즉시망(起心即是妄)'이라 했다. 보리(우리들의 본성)는 본래 깨끗하나, 마음 일으키는 것이 바로 망상이다 라는 가르침이다. 어부로도 살 수 있고 귀족으로도 살 수 있겠지만 어떤 삶을 살 것인가는 그대 마음의 망상에 달려 있다. 기독교, 불교, 이슬람교, 힌두교 등 세계 4대 종교의 경전에서 한결같이 '인색한 부자는 다음 생에 결코 천당이나 극락, 천국, 천상에 가지 못한다'고 경고하고 있다. 초등학교도 변변히 못 나온 우리네 시골 할머니가 훨씬 더 많이 웃고 이웃과 나눌 줄 알고 장수하며 오래 산다. 귀족과 어부, 어느 것이 더 지혜로운 삶인지 한 번 깊이 사유해 봄직한 일이다.

학습자의 자세

중국의 대 철학자 정명도, 정이천 형제가 어느 날 잔칫집에 초대되었다. 형 명도는 군자로서의 기품을 다 잊은 듯 기생을 끌어안고 마음껏 마시며 한판 잘 놀았다. 동석했던 동생 이천은 시종 근엄함을 잃지 않고 긴장한 자세로 있었으나 형의 노는 꼴이 아주 실망스러웠다. 잔치가 끝나 집으로 돌아오는 길에 동생 이천은 결국 참지 못하고 형에게 따지듯 물었다.

"형님, 아까 잔칫집에서 그 꼴이 뭐요? 점잖치 못하게……."

"허어, 이 사람아! 자네는 아직도 잔칫집에 계시는가?"

동생은 그 순간 퍼뜩 정신을 차린 듯 아무 말도 못하고 형에게 허리굽혀 사과하면서 혼자 중얼거렸다.

'청정한 연꽃은 흙탕물 속에서 피어나건만 한 점 흙물도 결코 허용치 않는다더니 내 공부는 아직도 멀었구나…….'

*

한 선사가 제자와 함께 시장길을 걷고 있는데 어떤 음식점에서 생선

굽는 냄새가 풍겨 나왔다. 선사가 중얼거렸다.

"그 냄새 한 번 훌륭하구나."

얼마쯤 걷다가 제자가 불편한 마음을 참지 못하고 스승에게 슬며시 여쭈었다.

"스승님, 계율을 지키는 신분으로서 아까 음식점 앞을 지나면서 훌륭한 냄새라 하셨는데 그래도 괜찮은 겁니까?"

선사가 깜짝 놀란 듯 제자를 바라보며 되물었다.

"너는 아직도 생선을 들고 있느냐? 나는 아까 음식점 앞에다 그냥 놓고 왔는데."

"……."

*

이 두 이야기는 경계를 훌쩍 넘어버린 득도자(得道者)의 경지와 아직 경계에 물듦을 두려워하는 학습자(學習者)의 차이를 말해주고 있다.

이러한 모습은 불교 고사뿐 아니라 우리들 일상에서도 얼마든지 발견할 수 있다. 태권도 유단자와 이제 막 입문한 학습자 사이에 띠 구별 없이 동일한 유니폼을 입혀 대련을 시키게 되면 유단자 눈에는 상대의 기본자세만 보고도 그 사람의 능력을 금방 알아볼 수 있다. 그러나 초심자는 상대를 처음 보기 때문에 결코 싸워보기 전에는 알아보지 못한다.

학습자가 공부를 시작할 때는 여유를 가져야 한다. 여유는 넉넉한 마음에서 나오고 넉넉한 마음은 지혜의 마음에서 나온다. 처음부터 거창

한 계획을 세워 끝장을 보겠다고 덤비면 탐심(貪心)을 돕게 되고, 왜 공부가 뜻대로 안 되느냐고 짜증과 화를 내게 되면 진심(瞋心)을 돕게 되고, 공부가 이렇게 잘 될 수 있나 하고 들뜨게 되면 치심(癡心)을 돕게 된다고 불교의 선지식들은 말하고 있다.

신심(信心)이 일어나지 않을 때도 습(習)을 놓지 않고 법당에 앉아 염주를 굴리고 건성으로라도 경전을 읽다 보면 인욕(忍辱)의 행위가 습을 돕게 된다. 또 주변이 시끄럽고 산만할 때도 좌선하는 좌복 위에 자주 앉다 보면 언젠가는 마음의 조복을 받아 오도(悟道)를 향하게 된다. 그래서 수많은 선각(先覺)들이 무소의 뿔처럼 서두르지도 게으르지도 말고 뚜벅뚜벅 한걸음 한걸음씩 가라고 일러준 의미를 한 번쯤 깊이 체득해 볼 일이다.

불일암 선경(佛日庵禪景)
A Fairy-land, Bul-il Am
(104×52㎝) Acrylic on Canvas

탐욕의 병

　어떤 배가 항해 도중 폭풍우를 만나 항로를 잃었다가 가까스로 어떤 무인도에 닿게 되었다. 그 섬은 아름다운 꽃과 과일, 새들이 노래하는 환상의 섬이었는데 오랜 항해에 지친 선객들이 잠시 쉬기 위해 네 팀으로 나누어 행동하게 되었다.

　첫째 팀은 목적지에 빨리 갈 조바심과 혹시 섬에 있는 동안 배가 떠나 버릴 지도 모른다는 두려움 때문에 아예 배에서 내리지도 않았다. 둘째 팀은 섬에 올라가 맑은 물과 과일을 맛보고 꽃향기를 즐기며 잠시 휴식을 취한 후 차츰 마음의 안정을 찾게 되자 서둘러 배로 돌아왔다. 셋째 팀은 너무 오래 섬에서 즐기다가 선원들이 닻을 올리는 것을 보고 허겁지겁 돌아오다 소지품도 분실하고 뱃전에서 넘어져 상처도 입었다. 넷째 팀은 섬의 정취와 풍요로움에 도취되어 배가 떠난 지도 모르고 마냥 즐기다가 섬에 사는 맹수들과 독충들에 의해 모두 전멸해 버렸다.

　오래 전에 읽은 탈무드(Talmud)에 있는 내용으로 배는 인생에 있어 시간을 의미하고 섬은 쾌락을 상징한다. 정상적인 판단력을 가진 사람이라면 누구나 둘째 팀에 속하고 싶어할 것이다.

인생이 무엇인지도 모른 채 살아가는 첫째도 아니고, 비싼 대가를 지불하고 돌아온 셋째도 아니고, 외형적 꿀맛에 취해 목적지도 의무도 다 잃어버린 넷째 팀은 더더욱 아닐 것이다. 그러나 안타깝게도 우리 주변에는 꽃향기를 비롯한 섬의 풍광과 풍요에 빠져 '한 번만 더'와 '즐기고 보자'는 내면의 독(毒)을 감지하지 못하는 사람들이 의외로 많다.

도박, 투기, 내기, 복권, 부정한 투자 등 '한 번만 더'와 '본전만 찾으면'에 목을 걸다가 결국 길거리에서 의식주를 해결하는 쪽으로 전락해버린 사람들이 바로 그들이다. 또 '즐기고 보자' 쪽은 먹고, 쓰고, 놀고 보자 등 무계획, 무절제, 무원칙, 무자각 등으로 카드 빚에 쫓기다가 인생을 끝내버린 안타까운 사람들이다. 모두가 네번째 부류인 탐욕을 조절하지 못한 업보의 결과이다.

탐심(貪心)은 자신의 분수를 알고 지키려는 계율(戒律)에 의해서, 성냄[瞋心]은 자신의 분노를 삭힐 수 있는 선정(禪定)에 의해서, 무지[癡心]는 자신의 마음을 조복 받을 수 있는 지혜(智慧)에 의해서만 극복될 수 있다고 했다. 계·정·혜(戒·定·慧) 삼학만이 탐·진·치 삼독심을 끊을 수 있는 유일한 진리라고 불교의 선지식들은 예나 지금이나 한결같이 말하고 있다.

보조 국사 제도법

고려 신종, 희종 때 조계종의 구산선문(九山禪門)을 열어 지금의 순천 송광사에서 정혜결사를 통한 선교병수(禪敎倂修)를 주창하여 오늘날 통합불교의 기틀을 만드신 분이 보조 국사 지눌(知訥) 스님이시다. 그런데 국사께는 황해도 서흥 출생으로 속가에 누님이 한 분 계셨다. 누님은 지눌 스님을 동생으로 둔 것을 항상 자랑스럽게 생각하며 늘 이렇게 말씀하셨다.

"나는 국사가 된 훌륭한 아우를 두어 아무 걱정이 없다. 설사 내가 도를 닦지 않는다 해도 다른 사람까지 제도해 주는데 동생이 이 누이 하나쯤 모른척 하겠나" 하면서 동생 빽(?)만 믿고 공부를 안 하셨다.

지눌 스님은 여러가지 예를 들어가며 그럴수록 더 잘 닦아야 한다고 말씀드리지만 누님은 항상 건성으로 대답할 뿐이었다. 내일부터 시작한다 했다가 내일이 되면 다음달로, 다음달이 되면 또 내년으로 하는 등 계속 게으름을 피웠다. 지눌 스님은 누님께서 도무지 공부할 생각을 안 하자 마침내 한 방편을 쓰게 되었다.

어느 날 누님이 절에 온다는 전갈을 받자 스님은 시자에게 떡, 과일, 반찬, 국수, 과자 등 있는 대로 가득 한 상을 내오게 했다.

누님이 방으로 들어오는 것을 보고 한 번 힐끗 쳐다만 볼 뿐 음식을 맛있게 먹으면서도 함께 먹자고 권하지도 않고 한 상 차려오라고 시자에게 당부하지도 않았다. 누님은 슬며시 화가 났다.

"아우님, 이럴 수가 있는가? 나를 보고 인사도 없고 함께 먹자고 권하지도 않고 내 배고픈 것은 안중에도 없단 말인가?"

"왜요? 누님, 동생이 이렇게 배부르게 먹는데도 누님의 배가 안 부르다니 거 이상합니다."

지눌 스님은 한 마디 던져 놓고 계속 이것저것 맛있게 먹을 뿐 전혀 권하지도 않고 아예 권할 생각도 없는 듯이 보였다.

"이보게 동생! 먹는 것은 자네인데 왜 내 배가 부르단 말인가?"

지눌 스님은 정색을 하며 이렇게 말씀하셨다.

"누님, 거 참 이상한 말씀을 하십니다. 내가 불법을 지녔기에 누님까지 거저 공덕이 된다 하여 절대 닦지 않으시면서 그렇다면 음식도 내가 잘 먹으면 누님 배도 거저 불러야 하는데 그렇지 않다는 말입니까?"

"……."

누님은 비로소 동생이 자신을 깨우쳐주기 위해 방편을 쓰고 있는 것을 알고 아무리 부처님 같은 아우를 두었더라도 '스스로 닦지 않으면 안된다'는 동생의 가르침을 받은 후 열심히 닦았다고 한다.

불가에 한고조(寒苦鳥)라는 새에 대한 이야기가 있다.

날짐승들 중에서는 가장 게으른 뻐꾸기 같은 새로서 인도 북부 설산(雪山)에 살면서 절대 둥지를 만들지 않는 새라고 한다. 해가 진 후, 설산의 세찬 바람과 눈보라에 밤새도록 오들오들 떨게 되면 '내일은 반드

시 집을 지어야지’ 몇번씩 다짐해 보지만 다음날 아침 해가 뜨고 따뜻
해지면 지난밤의 다짐은 까맣게 잊은 채 하루 종일 즐겁게 놀 뿐이었다.
그러다 또 밤이 되어 추위에 곤욕을 치르게 되면 다시 한 번 ‘내일은 무
슨 일이 있어도 꼭 둥지를 만들어야지’ 했다가는 다음날 아침에 또 잊어
버리는 등 일생 다짐만 하다 삶을 끝낸다고 한다.

불가에서 ‘불문에 들어서도 게을러서 공부가 나태한 불제자’를 경책
할 때 곧잘 이 새에 비유한다. 우리 주변에도 한고조 새와 같거나 지눌
스님 누님같이 생각하는 사람은 없는지 한 번쯤 살펴볼 일이다.

어머니가 불자이고 부인이 절 살림에 지극정성이라 하여 고작 일 년
에 한두 번 4월 초파일 정도만 절에 나가거나 가족이 절에 갈 때 운전만
해주고도 불자라는 사람들이 있다. 게다가 보조국사 누님처럼 모든 공
덕은 ‘나누어 주려니’ 생각하는 심정적 또는 일회용 불자들이 적지 않
다고 알고 있다.

야운 스님의 『자경문』에 이르기를 ‘백년탐물일조진(百年貪物一朝塵)
이요 삼일수심천재보(三日修心千載寶)’라 했다. 백년 탐을 냈던 재물은
하루 아침 티끌이요, 삼일 닦은 마음은 천 년의 보배로다 라는 말씀인
데, 나는 어디 쯤에 속해 있는지 스스로 점검해볼 일이다.

빙탄불상용(氷炭不相容)

　3살 때 시(詩)를 짓고 5살에 중용과 대학에 통달한 신동으로 세종이 친히 그를 불러 시험해 보고 생이지지(生而知之), 즉 '태어나면서 이미 알고 온 자'라는 칭찬을 받은 조선 최대의 천재가 있었다. 그러나 그의 나이 스무 살 때 수양대군이 단종을 폐위한 세조 정변의 소식을 듣게 된다. 그는 3일 밤낮을 통곡한 뒤 설악산에 들어가 승려가 되어 일생을 불제자로 살았던 불가에서는 설잠(雪岑) 스님으로, 속가에서는 매월당(梅月堂) 김시습(金時習)으로 통하는 이가 바로 그 사람이다.

　출가 전 동문수학했던 많은 인재들이 유림(儒林) 출신이었기에 그 쪽에서는 심유적불(心儒蹟佛) 즉 '마음은 유교에 두고 행적은 불교'에 둔 승복 걸친 유학자 쯤으로 보는 견해도 없지 않았으나 그는 출가 이후 부여 무량사에서 입적할 때까지 분명히 40여 년을 승려로 살다간 사람이다.

　그는 『금오신화』 전5권을 집필하여 한국 소설문학의 효시가 되었는가 하면 15권의 시집에 2천 편이 넘는 시를 남겼으며 불교 쪽에서는 선(禪)에 관한 『십현담요해』를 비롯 『일승법계 도주병서』, 『화엄경석제』, 『조동오위요해』, 『법화경 별찬』 등 수많은 저술을 남겼다. 또 일본의 무로마치 시대에 일본 승려와 교류하여 30여 편에 이르는 다시(茶詩)를 써서 한일 다도사에 한 족적을 남긴 파격의 사문(沙門)이기도 했다.

세조는 심리적 고통 때문이었는지 신미, 학열, 홍준, 학조 등 당대의 고승대덕들과 교분이 두터웠다. 그는 또 청기와 8만 장을 덮은 대찰 원각사를 건립하고 지금도 파고다 공원 안에 있는 13층 석탑을 비롯 구리 5만 근을 녹여 대범종을 만들었고 원각사 준공시에는 전국의 승려 2만 명을 초대하여 대법회를 열기도 했다.

또 간경도감을 설치하여 금강경, 반야경, 법화경 등 수많은 경전을 한글로 번역 배포하는 등 불교 대중화에 누구보다 노력했다. 그래서 숭유억불의 건국이념에 정면으로 대치되는 입장을 끝까지 고수했던 조선조 숭불(崇佛)의 유일한 군주였다. 그러한 세조의 눈에는 어린시절부터 신동이었던 설잠 스님, 즉 김시습이 누구보다 더 자신에게 종사해 주기를 간절히 바라는 소망이 있었다.

세조는 때마침 원각사 수륙제가 봉행되자 그를 왕명으로 불러냈다. 설잠 스님은 왕명을 거역할 수 없어 행사는 참여했으나 그의 행색이 이상했다. 삼복 염천에 한겨울에나 입는 백결(百結)의 솜 누비옷을 걸치고 파리떼가 달라붙은 썩은 고등어 한 두름을 들고 서 있는 괴이한 형상이었다.

승려와 고기……, 그 모습은 모든 사람에게 설잠은 '미쳤다'는 인상을 심어주었으나 세조는 '누구도 범할 수 없다는 자신의 지조와 누군가를 상징하는 썩은 고등어'로 설잠과 자기를 비교하여 조롱하고 있음을 간파한다. 분노한 세조가 설잠을 내쫓아버리자 스님은 대궐에서 나온 그 길로 백주 대낮에 변소통에 드러누워 버린다. 그리고 온몸에 분노를 뒤집어 쓴 채 구경하는 많은 사람들 앞에서 '세조는 똥보다 못한 임금'으로 폄(貶)하는 해프닝을 연출하고 사라져 버린다.

세상에는 끝까지 용납이 안 되는 얼음과 숯불 같은 빙탄불상용의 인간관계가 있는 듯하다. 수양대군의 찬탈로 세상을 버리게 만든 장본인 세조에게 끝까지 항거해 간 설잠 스님의 처신은 고고하게 빛나는 학승(學僧)의 모습으로 '생육신'의 사초(史草)에 그 이름을 남겼다. 세조 또한 거듭된 조롱과 모멸을 받으면서도 세 번이나 출사를 권했고 주변에서 그에게 군왕능멸의 죄를 물어 참형을 권했으나 끝까지 참아내는 인욕바라밀을 실천한 대단한 군주였다.

두 사람 모두 부처님의 제자이면서도 실천행에 있어 세조는 자비심(慈悲心)을 앞세운 수평적 개념으로 지평을 넓혀갔다면 설잠 스님은 냉혹한 수직적 개념으로 '초심 즉 종심(初心卽終心)'의 삶을 살았다 할 것이다. 경우가 다르기는 하지만 근세사에도 학승과 선승의 거봉들이었던 운허(耘虛)와 효봉(曉峰) 두 큰스님 사이에 재미있는 선문답 한 토막이 전해진다.

어느 날 운허 스님이 효봉 스님께 묻기를 "강물의 고기를 잡으려면 그물이 있어야 되는 법이지요. 경(經)은 안 보고 참선만 한다고 부처가 되겠습니까?" 라고 묻자, 효봉 스님 왈 "그것은 교가(敎家)에서 고기 잡는 법입니다. 우리 선가(禪家)에서 고기잡는 방법은 강물을 통째로 마시는 것이지요." 라고 응수했다.

세존께서 마음을 전한 것이 선지(禪늘)가 되고 평생 말씀하신 것이 교문(敎門)이 되었기에 선(禪)은 당신의 마음이요 교(敎)는 당신의 말씀에 다름 아니다.

또 불교에 무편착심(無偏着心)이란 말이 있다. 마음을 어느 한쪽에 치우쳐 두지 않는다는 뜻이다. 그리고 『유마경』에 이르기를 '고원육지연화생(高原陸地蓮花生)이요 비습어니차화생(卑濕於泥此華生)'이라 하였다.

맑고 깨끗한 연꽃은 척박한 고원 육지에서도 자라고, 습하고 비천한 진흙탕에서도 자란다고 했듯이 세조와 설잠, 운허와 효봉 누구의 방법이 옳고 그른가를 논한다면 이거야갈로 무편착심에 반하는 의미에 다름 아니다. 그들은 메마른 고원도 진흙탕 습지도 안중에 없었으며 선지나 교문에도 걸림이 없었고 심지어 부처나 보살들에게도 얽매이지 않았다. 그들은 대자유인의 삶, 그 속에서 스스로 찾아가고 터득하고 한소식을 이루어 우담바라 꽃들을 보았던 불가(佛家)의 선지식들이었다.

초 설(初雪)
The First snow (53×41㎝) Acryic on Canvas

동 월(冬月)
A Moon in Winter (48×48cm) Acrylic on Canvas

송광사 설죽(松廣寺雪竹)
Bamboo in snow of Songkwang Temple (65×65cm) Acrylic on Canvas

무소유(無所有)
Spirit without Selfishness (104×52㎝) Acrylic on Canvas

비로전 추억(毘盧殿追憶)
Memory of Birojon (65×65㎝) Acrylic on Canvas

256

적정동한(寂靜冬寒)
Winter in silence (55×34㎝) Acrylic on Canvas

257

동　조(冬鳥)

A Solitary Bird in winter (53×34㎝) Acrylic on Canvas

설 창(雪窓)
A Snowy Day (53×34㎝) Acrylic on Canvas

유자광(柳子光)의 악업

<pre>
백두산석마도진(白頭山石磨刀盡)   백두산 돌은 칼을 갈아 없애고
두만강수음마무(豆滿江水飮馬無)   두만강 강물은 말을 먹여 없애리.
남아이십미평국(男兒二十未平國)   사나이 스물에 나라를 편안케 못하면
후세수칭대장부(後世誰稱大丈夫)   후세 어느 누가 대장부라 칭하랴.
</pre>

언제 읽어도 무인의 기개가 넘치는 대장부의 호방한 글이지만 유자광이 여기 세 번째 구절에 나오는 미평국(未平國)을 미득국(未得國)으로, 가운데 글자 한 자를 고쳐버렸다. '나라를 편안케 못하면'을 '나라를 얻지 못하면'으로 사문난적(斯文亂賊)하여 반역자로 몰아죽인 청년 남이(南怡) 장군의 글이다.

남이는 조선조 3대 태종의 외손이며 좌의정 권람의 사위로서 1457년 세조 3년에 약관 17세의 나이로 무과에 장원하였다. 이후 스무 살에 여진족을 정벌하고 스물셋 나이에는 이시애의 난을 평정하는 등 그의 출중한 능력은 일찍이 평가되어 나이 스물여섯에 지금의 국방장관격인 병조판서에 오른다. 본래 왕족의 혈통을 이은 명문 출신이기도 했지만 조선조 초기 김종서 이후 가장 뛰어난 무인(武人)으로 평가되기도 했다.

우리나라 역사상 20대에 판서에 올라 조선 팔도의 병권을 한 손에 거머쥔 것은 전무한 일이었다(후일 대한제국 시절 을사조약시 자결했던 민영환 대감이 1887년 스물일곱 나이로 예조판서에 오른 예는 있었지만). 그러다 보니 주변으로부터 시기 질투의 대상이 될 수밖에 없었고 특히 간적(奸賊) 유자광의 독수에 걸려 스물여덟 나이에 억울한 죽음을 당하고 만다.

유자광은 어떤 인물이었을까. 글자 한 자를 고쳐 남이장군뿐 아니라 그를 따르는 수많은 무장들을 비롯하여 집안 3대를 도륙했다. 연산군 4년에는 무오사화(戊午士禍)를 일으켜 자신보다 조금이라도 더 군왕의 총애를 받은 인물은 가차없이 역적으로 몰아 죽이거나 귀양을 보냈다. 따라서 조정의 충신들은 모조리 씨를 말리고 혼음한 임금 연산군과 짝이 되어 권력을 농단했던 역사에 보기 드문 사특한 인물이었다.

군주가 지혜로우면 충정지인(忠貞至人)들이 집단을 이루게 되고 군주가 어리석으면 난신적자(亂臣賊者)들이 준동했던 것은 동서고금의 역사가 증명하고 있다. 멀리 갈 것도 없이 세종 때에는 황희, 맹사성, 정인지, 김종서 같은 인물들이 줄을 이었고 연산군부터 명종에 이르는 50여 년간은 네 번의 사화가 있었으며 유자광, 임사홍, 남곤 등과 같은 음험한 무리들이 사람의 탈을 쓰고 존재했었다.

1506년 중종반정(中宗反正)이 일어나 연산군은 폐위되고 중종이 등극하자 재빨리 변신하여 하루아침에 반정의 일등공신에 올라 '무령 부원군'이라는 군(君)의 작위에까지 봉해진, 가히 천재적인 간적이었다. 그러나 가짜 일등공신 유자광의 변신도 끝이 있었던지 지금의 국가 언론기관격인 사간원의 젊은 유생들 상소를 시작으로 홍문관, 사헌부까지 들고 일어나 삼사(三司)의 탄핵을 받아 결국 중종에 의해 삭탈 파직된 후 경상북도 관동 땅으로 유배가 되었다.

30여 년 동안 무수한 살생을 저지르고 국가 기강을 혼돈으로 몰아갔던 그는 유배되면서부터 스스로가 만든 인과(因果)에 의해 살아 생전에 받은 순현업, 죽어서 받은 순생업, 그리고 두고두고 받는 순후업에 이르기까지 철저한 응보(應報)를 받게 된다. 유배를 당하자마자 자신의 처지에 대한 반성과 참회는커녕 증오와 분노심만 키워 스스로 자상(自傷)을 입었던지 유배 반 년 만에 두 눈이 멀어 봉사가 되었고 2년 후에는 복직의 환상을 꿈꾸다가 유배지에서 죽었다.

유자광에게는 아들 삼형제가 있었는데 애비의 부음을 받고도 한 자식은 주색잡기에 빠져 거들떠도 안 보고 가산을 탕진하고 있었으며, 또 한 자식은 늙은 어미가 치매로 대소변을 못 가리자 밖으로 내쫓아 유랑걸식하다 굶어죽게 만들었다. 중국어 갔다 돌아온 큰 자식은 그동안 집안 가산을 탕진한 동생을 홧김에 폭행하다 살인까지 저지른 후 스스로 미쳐버린 광인(狂人)이 되어 정처없이 떠도는 등 온 집안이 풍비박산(風飛雹散)이 되었다.

수십년 무소불위(無所不爲)의 권력을 휘둘렀던 유자광의 시신은 아무도 거두는 자가 없어 관아에서 거적에 말아 망나니들의 시체 처리장에 매장해 버렸다. 그러나 유자광의 업보는 거기에서 끝나지 않았다. 후대로 내려오면서 유자광의 무고(誣告)한 참소로 조부(祖父)와 형제(兄弟)를 잃은 수많은 후손들이 정권을 잡을 때마다 죽은 시신마저 가만 두지 않았다. 이미 썩은 시신을 다시 꺼내어 목을 치고 뼈를 자르는 부관참시(剖棺斬屍)를 두 번씩이나 당해 뼈 조각조차 흩어져 버렸으니 '골수에 사무친 원한'이란 이를 두고 한 말인 듯 싶다.

『열반경』에 이런 구절이 나온다.

'천망회회(天網恢恢)라도 소이불루(疏而不漏)'라 했다. 하늘의 그물은 넓고 넓어서 엉성한 것 같지만 결코 새는 일이 없다 라는 뜻이다. 또 『명심보감』에도 '획죄어천(獲罪於天)하면 무소도야(無所道也)'라 했다. 하늘에 죄를 얻으면 빌 곳이 없다 라는 의미도 같은 뜻이다.

유심(有心)으로 지으면 유심으로 받고, 무심(無心)으로 지어도 무심으로 받는다. 알고 짓고 모르고 짓고 우리는 이생을 살면서 수많은 악업도 선업도 지을 수밖에 없다. 타인의 눈에서 눈물을 빼게 만들면 훗날 자신은 피눈물을 흘리게 된다는 일상의 말이 있지만 탐·진·치 삼독을 닦지 못하면 그 말의 무게는 천년의 한(恨)이 될 수도 있음을 늘 상기할 일이다.

화공들의 인욕

　르네상스 시절 천재 화가였던 레오나르드 다빈치가 예수와 열두 제자가 중심이 된 '최후의 만찬'을 그리고 있을 때의 일이다. 다빈치는 우연한 일로 어떤 사람에게 몹시 화가 나 있어서 그 사람에게 앙갚음할 생각으로 배반자 '유다'의 얼굴을 그 사람 얼굴로 모델삼아 똑같이 그렸다. 그런데 그림이 거의 완성 단계에 이르러 마지막으로 예수의 얼굴을 그리려 할 때마다 어쩐 일인지 뜻대로 그릴 수가 없었다. 결국 예수 그리스도의 얼굴만 제외하고 나머지 부분은 완성되었다.

　다빈치는 며칠간 작업을 중단하고 충분히 쉬었다고 생각한 후 다시 붓을 잡았으나 역시 실패하고 말았다. '최후의 만찬' 작품 속의 예수 얼굴이야말로 화룡점정(畵龍點睛)인데 세 번 네 번 거듭 실패하자 미칠 지경이었다. 아마 화업에 종사하는 사람들은 누구나 간혹 경험한 일이기도 하지만 필자 또한 작품이 잘 풀리지 않을 때처럼 지옥심은 없었다.

　다빈치가 실의와 술에 절어 있을 때 어느 날 작품을 의뢰한 신부가 작품 완성이 궁금하여 그의 화실을 찾아왔다. 다빈치는 그간의 고통을 얘기했고 조용히 듣고 있던 신부는 이렇게 말했다.

　'용서 못하는 마음과 복수심을 가지고 있는 한 그리스도의 맑은 영혼은 완성하지 못할 것이다' 라고 경고했다.

　다빈치는 유다의 모델이 되었던 그 사람과 작업이 끝난 후 본격적으로 한판 붙을 각오를 하고 있었는데 신부의 말을 듣고 혼란스러워 며칠간을 고민하다가 결국 그 사람을 찾아갔다. 그리고 내키지는 않았지만 다빈치는 화를 내고 있었던 그 사람에게 사과할 수밖에 없었다. 그러자 뜻밖에도 그 사람 또한 '자신이 잘못 오해하고 있었다' 며 오히려 미안해하면서 두 사람은 서로 감정을 풀고 격려하며 헤어졌다.

　다빈치는 여러번 망설임 끝에 어쩔 수 없이 취한 행동이었지만 결과는 너무도 마음이 홀가분했다. 신부의 한 마디 조언으로 원수가 될 뻔했던 사람과 거꾸로 친구가 되었다. 다빈치는 다음날 아침 화실로 돌아와 가벼운 마음으로 붓을 들고 다시 예수의 얼굴을 그렸다. 그리고는 단 하루만에 본인이 원했던 모습을 찾아내고 작업을 끝낼 수 있었다. '최후의 만찬' 을 본 사람은 그 당시나 지금이나 한결같은 감동과 찬사를 아끼지 않는다.

　필자도 '불교 디자인 개척화, 불교 미술 현대화' 라는 화두속에서 그럭저럭 30여 년을 살다 보니 다빈치의 그때 심정을 충분히 공감하며 때로는 진심(瞋心)에 끄달리지 않으려고 애가 닳은 기억들이 한두 번이 아니다.

　예술철학자 마리땡은 '만약 당신이 기독교 예술을 만들기 원한다면 당신 자신이 기독교인이 되라. 그리고 당신 작품을 기독교적인 것으로 만들려고 애쓰지 말고, 당신 작품 속에서 당신의 마음 전체가 깃들인 아름다운 작품을 만들도록 노력하라' 는 이 말이 때로는 크나큰 위안이 되고 친구가 된다.

청화 큰스님 법문에도 이런 말씀이 있었다.

"참선은 선방에서만 하는 것이 아니다. 집안에 있든, 밖에 있든, 운전을 하든, 장사를 하든 언제나 우리 마음이 상(相)에 걸리지 않고 존재의 실상 자리에서 시를 쓰든, 그림을 그리든 모두를 반야의 지혜와 더불어 해야 한다. 그래야 감동을 수반한 걸작이 나올 수 있다.

정혜쌍수(定慧雙修)라, 즉 자비와 지혜를 지속시키는 수행을 해야 되며, 이를 위해 어느 곳, 어느 때를 가리지 않는 선정(禪定)의 습이 병행되어야 한다."

종교와 예술은 무한(無限)에서 교차한 평행선이지만 둘이 합쳐진 종교예술은 서로가 허용된 '하나'인 것이다. 하나 속의 모든 것, 사유(思惟)를 통한 작가 마음 속의 신성(神性)과 열정만이 장엄과 긍정, 감동과 설득의 결과를 가져올 수 있음은 필자의 체험을 통한 교훈이었다. 작업하는 사람들은 작업을 시작할 때가 결제(結制)이고 작업이 끝났을 때가 해제(解制)이다. 결제와 해제 사이에는 오로지 영혼의 치열한 비원(悲願)만이 존재할 뿐이다.

지혜로운 모친

조선조 13대 명종 때 대제학을 지냈던 정암(靜菴) 조광조(趙光祖)는 어린시절 남곤(南袞)과 한 스승 밑에서 동문수학하던 친구 사이였다. 그들은 모두 뛰어난 수재들이었고 서로가 친구이자 경쟁자였는데 어느날 두 사람은 공부를 하다 말고 무료했던지 잠시 저자거리에 나가 바람 좀 쏘이고 오자 하여 서당을 나섰다.

열대여섯의 사춘기 소년들이 저잣거리에 나섰으니 자연 눈에 들어온 것은 같은 또래의 예쁜 여자들이었다. 조광조는 마냥 마음이 들떠 자꾸만 말을 붙여보고 싶었는데 곁에 있던 남곤은 속마음이야 어쩔망정 전혀 무관심한 태도였다. 오히려 여자들에게 눈길 한 번 주지 않는 매우 의젓한 모습이었다. 조광조는 마음 속으로 '이 무슨 점잖치 못한 생각일까? 나는 남곤보다 아직도 수양이 부족하구나' 생각하며 꾹 참고 그냥 돌아오게 되었다.

집에 돌아온 조광조는 오늘 낮에 있었던 스스로의 부끄러운 속내를 어머님께 말씀드렸다. 그리고 어떻게 하면 수양을 더 쌓아 남곤처럼 흔들림 없는 군자(君子)의 모습을 갖출 수 있을까를 모친에게 물었다. 어머니는 무심코 듣고 있더니 갑자기 무서운 얼굴을 하면서, '애야, 어서

짐을 꾸려라. 이사를 가야겠다' 하시며 정말로 이삿짐을 꾸리기 시작했다. 조광조는 부친이 영변 참방(察訪)이라는 낮은 관직에 있다가 그나마 일찍 세상을 뜨자 가난한 집안에 홀어머니를 모시는 처지였다. 때문에 반대도 못하고 영문도 모른 채 큰 죄인이 된 것처럼 어머님을 따를 수밖에 없었다. 다음날 아침 서당에 가서 스승과 친구들에게 작별인사를 하고 어머니가 마련해 둔 다른 지역으로 이사를 갔다.

며칠 후 이사를 끝내고 살림도구가 정리되자 어머니는 아들 조광조를 앉혀 놓고 무거운 표정으로 이렇게 말씀하셨다.

"갑자기 이사를 하게 된 것은 너와 남곤 사이를 떼어놓기 위한 것이다. 너희 같은 사춘기 소년들이 예쁜 여자를 보면 돌아보고 싶은 마음은 너무도 당연하다. 그러나 남곤이 다음 속으로는 너와 똑같은 생각을 했겠지만 끝내 표정과 감정을 감추고 말도 침묵한 것은 사악한 위선과 모진 냉혹함을 가진 사람이라 생각된다. 너희들 나이에 무슨 수양이고 도덕군자란 말이냐?

수양이란 학문이 차차 익어가고 세상 돌아가는 이치를 터득해가면서 자연스럽게 얻어지는 것이지 나이에 어울리지 않게 마음을 감추며 어른 흉내를 내고 있는 남곤은 실로 음험한 사람이다. 후일 함께 나라 일에 종사하더라도 '불가근불가원(不可近不可遠)', 결코 가까이도 멀리도 하지 말고 흠잡히지 않도록 늘 스스로 조신(操身)해야 한다. 그가 정치를 하게 되면 너그러운 관용이나 아량과는 거리가 먼 잔혹하고 음험한 사람이 되겠기에 더이상 사귀지 못하도록 이사를 한 것이다. 어미의 말을 명심 또 명심하거라."

조광조는 훗날 중종의 신임이 두터워 도학(道學)을 중심으로 한 이상

정치를 실현코자 했다. 그러나 중종반정시 엉터리 훈공자를 삭탈하는 과정에서 진보 개혁을 두려워한 수구 보수파의 역공을 받아 기묘사화(己卯士禍)의 제물이 되고 만다.

중종반정 난리통에는 몸을 숨겨버린 남곤이 어느 날 갑자기 수구 보수파의 중심이 되어 '주초위왕(走肖爲王)', 조(趙)씨가 왕이 된다는 꿀바른 나뭇잎 송충이 사건을 계획적으로 조작한다. 이 일로 중종의 분노를 등에 업고 사화를 일으켜 친구를 참화(慘禍)시킨 이가 바로 남곤이었다.

무오(戊午)·갑자(甲子)·기묘(己卯)·을사(乙巳) 등 4대 사화와 중종반정, 사색당파(四色黨派), 폐불정책 등 조선조 5백년 동안 가장 암울했던 시기도 바로 이때였다. 조광조가 남곤의 모함으로 죽어가면서 무슨 생각을 했을까를 상상해 보면 그의 모친은 삼천지교(三遷之敎)를 단행했던 맹자의 모친에 못지 않는 대단히 지혜로운 어머니였으리라 짐작된다.

불교에 십악(十惡)이란 것이 있다. 이것은 입[口], 몸[身], 뜻[意]으로 짓는 열 가지 죄악을 의미한다. 생명을 죽이는 살생(殺生), 도둑질하는 투도(偸盜), 음탕한 음욕의 사음(邪淫)은 몸으로 짓는 3악이고, 부당한 욕심의 탐욕(貪慾), 증오하고 화내는 진애(瞋恚), 바르지 못한 의견의 사견(邪見)은 생각 즉 뜻으로 짓는 3악이다. 또 억지 말의 망어(妄語), 이간질하는 양설(兩舌), 거짓말하는 기어(綺語), 욕설 독설의 악구(惡口) 등 입으로 짓는 4악을 합쳐 10악이라고도 한다.

세상을 살다 보면 정견(正見)과 합리(合理)에 맞서 늘 사견을 주장하고 자신의 이득을 위해 분쟁을 일으키며 고집을 강제하여 동료를 괴롭히는 등의 습을 버리지 못한 사람들이 더러 있다. 그들이 비록 사해(四

海)를 덮을 공덕을 지었더라도 10악에 걸리게 되면 '도로 도로(徒努徒
努) 지미 사바하' 가 되고 만다.

　어린이는 어린이다워야 하고 어른은 어른다워야 세상이 바르게 선다
고 했다. 항상 평범한 것, 합리적인 것, 긍정적인 것이 가장 아름답다.
남곤의 음험함은 조광조만 죽이는 일로 끝나지 않고 중생계가 계속되는
한 늘 경계해야 할 대상이다.

모 정(母情)
Praying Mother
(73×54㎝) Acrylic on Canvas

불심덕장(佛心德將)

일본 중세에 도쿠가와 이에야스(德川家康)라는 장군이 있었다. 그는 40여 년 동안 전쟁터를 누비면서 늘 자신의 장막 앞에 '염리예토 흔구정토(厭離穢土 欣求淨土)'라는 기치를 세우고 전쟁에 임했다. 더러운 이 세상을 어서 떠나서, 부처님이 계시는 청정한 땅으로 가기를 흔쾌히 소망한다는 이 내용은 이에야스의 불교관을 엿볼 수 있는 분명한 대목이다.

도쿠가와 이에야스는 1411년부터 150여 년 동안 계속된 '오닌의 전국난세'를 평정하여 일본에 평화를 심고자 노력했던 오다 노부나가, 도요토미 히데요시의 뒤를 이어 전쟁을 종식시키고 덕천막부를 세웠던 바로 그 사람이다.

이에야스의 모친 오다이 부인은 이에야스 출산 전부터 호라이사(鳳來寺)에서 백일기도를 회향하고 출산일 밤에는 측근을 시켜 호랑이 띠의 창검을 들고 있는 보현보살상을 훔쳐 오도록 한다. 그것은 지긋지긋한 전쟁이 어서 종식되어 평화의 시대가 오기를 염원하는 모친의 마음으로 평생 동안 이 불상을 안고 사는 모태신앙(母胎信仰)의 싹을 틔운다.

이에야스는 두 살 때 생모와 이별하고, 여섯 살에 인질이 되어 끌려가고, 여덟 살에 부친마저 암살당하는 처절한 어린시절을 겪는다. 그러나 성장과정에서 셋사이 도사, 덴까이 스님, 즈이후 스님, 나미따로 신관, 친외조모 가야인 스님 등 승려들의 보호와 지도를 받으면서 철저한 불교교육(佛敎敎育) 속에서 훈육된다.

청년시절 인질로 잡혀 있다가 10년 만에 고향을 방문했을 때 그는 가혹한 세금 징수로 여자 아이가 열 살이 넘어서야 처음 옷을 해 입히는 헐벗고 굶주린 영지의 백성들을 보게 된다. '대장이 못 나면 일족이 고생한다'는 뼈저린 충격을 받은 후 불교 승려들의 식사법을 그대로 실천하여 평생토록 국 한 그릇과 반찬 세 가지, 일즙삼채(一汁三菜)의 검소한 생활로 일관한다.

이에야스는 자신의 장남이며 선배 노부나가의 사위인 노부야스에게 천하인의 그릇이 못 된다는 힐문장과 함께 할복할 것을 노부나가로부터 명령을 받게 된다. 이때 가신들의 분노를 달래며 아버지로서의 울분과 처절한 심정을 누르기 위해 '나무아미타불 관세음보살' 주문을 십만 번이나 사경하며 자식의 희생을 끝까지 참아내는 무서운 인욕바라밀(忍辱波羅蜜)을 보이기도 한다.

그는 또 가급적 전쟁을 피했지만 어쩔 수 없을 때는 '염리예토 흔구정토' 기치를 내걸어 부처님의 마음으로 전쟁에 임한다는 의지를 보인다. 전투과정에서도 상대를 초토화시켜 원한을 사는 방법이 아니라 무서운 힘으로 기선을 제압하여 승리한 후에도 패전국 주민들을 덕으로 선무하고 보살피는 불심 덕장의 모습을 보인다.

그는 자신의 대를 이어갈 아들 히데다다가 법(法)은 있으되 인정(人情)이 없음을 안타깝게 생각한다. 그래서 마음에 자비심이 깃들지 않는 냉혹한 정직함만으로는 상대에게 상처만 주게 되며 비록 정의라 하더라도 지나치게 강직하고 독선으로 흐르면 반드시 화(禍)가 따름을 주지시킨다. 그래서 언제나 누구에게나 항상 부처님의 자비행이 바탕이 되는 불심통치(佛心統治) 철학을 심어준다.

또 '인생이란 평생토록 무거운 짐을 지고 가는 것과 같다'는 인생 고해(苦海)의 바탕 위에서 불교의 윤회사상과 인연법을 기본으로 상황을 판단토록 가신들을 지도한다. 감정과 느낌이 아닌 사실과 진실인 정견(正見)의 시각을 갖도록 가르치고 늘 타인의 입장에서 생각하며 마찰의 슬픔과 허용의 기쁨을 깊이 통찰하는 마음의 형태(一切唯心造)를 잘 관찰토록 후학들을 지도했다.

이에야스는 마지막 유언에서 친족과 중신들에게 이런 말을 남긴다.

"자비(慈悲)는 초목의 뿌리며 인화(人和)는 그 꽃과 열매다. 그 뿌리를 길러내는 인내 없이는 결코 꽃과 열매를 볼 수 없다. 법(法)이 먼저냐, 덕(德)이 먼저냐? 이것을 명심하지 않으면 소심(小心)함을 체면과 위신으로 변장시키는 잔인한 사람이 되고 만다. 덕이란 내 몸을 꼬집어 보고 남의 아픔을 아는 인정에서 출발하는 것이다. 그 인정을 잘 씹어본 삶이 덕이 되는 것이고 그래서 백 번을 물어도 법보다는 덕이 앞서야 하는 것이다. 덕을 실천하는 말이 자비행(慈悲行)이다. 인내와 지혜를 바탕으로 한 자비의 실천을 통치철학으로 가져가야 한다……."

대욕(大欲)은 오히려 무욕(無欲)으로 통한다는 삶을 살았던 큰 그릇의 영웅 도쿠가와 이에야스를 국적과 시대를 떠나 한 인간으로 보았을 때 불자로서 깊은 감동과 배움이 있을 것이다. 그는 고대 인도의 아쇼카대왕처럼 철저한 불자로서의 삶을 살다간 불심덕장이었다.

지족 선사 살리기

지금의 개성인 송도 천마산 지족암에서 오랫동안 두문불출하며 수행 정진하던 지족 선사(知足禪師)는 생불이라 추앙받던 고승대덕이었다. 황진이(黃眞伊) 역시 멸문 당한 사대부 집안 출신으로 미색가무와 더불어 시서화(詩書畵)에 능한 당대의 재원이었음은 주지의 사실이다.

그런 황진이가 지족 선사를 유혹해 하룻밤 정사로 파계시켜 놓았다. 그리고 자신이 유일하게 무너뜨리지 못한 당대의 거유 화담 서경덕(徐敬德)을 포함하여 자칭 황진이, 서경덕에 박연폭포를 넣어 송도 삼절(三節)로 호칭케 하는 교만을 드러냈다. 그것이 4백 년이 지난 지금까지도 야사에 회자되고 있는 내용이지만 그러나 우리가 꼭 알아야 할 정사의 한 부분이 있다.

이 시절의 한국불교는 1천 7백여 년 역사상 숭유억불(崇儒抑佛) 정도가 아니라 봉유폐불(奉儒廢佛) 정책이 극에 달했던 연산군, 중종, 명종의 시절이었다.

혜봉 스님이 쓰신 '불교사 100장면' 속에 다음과 같은 기록이 나온다.

「…… 연산군은 서울 원각사를 폐사하여 기생들의 기방(妓房)으로 만들고 비구니들을 강제로 관청의 노비로 만들었다. 또 도성 안에 있는 선종(禪宗)의 본사 흥천사와 교종(敎宗)의 본사 흥덕사를 모두 폐쇄하고 사찰의 재산을 몰수했다. 연산군에 이어 등극한 중종(1506~1544년)은 1507년 간신히 명맥만 유지되던 승과(僧科)마저 폐지, 선교 양종의 존립을 아예 무종파의 혼란상태로 몰고 갔다.

전국 사찰의 토지를 전부 몰수하여 유림(儒林)의 뿌리인 향교로 강제 이관시켰고, 불교의 상징이었던 흥천사, 흥덕사의 범종을 녹여 대포의 총통을 만드는가 하면, 태안, 수원반도 등 토목공사에 연인원 5천 명 이상의 승려들을 강제로 동원, 노동자로 전락시켰다. 비구니는 관청의 노비, 비구들은 부역의 노비로 아예 불교의 씨를 말릴 계획을 보다 못한 중종의 비 문정왕후가 폐불을 막아 보려고 백담사 보우(普雨) 대사에게 힘을 실어 주었다.

그 이후 잠시 주춤한가 했으나 문정왕후가 서거하자 명종조에 이르러 유생들의 탄핵에 의해 보우 대사를 제주도로 귀양 보내고 제주목사 변협(邊協)에 의해 참살시켜 버렸다……. (중략)」

중종은 연산군 폭정 시 사대부 유생들의 도움을 받아 '중종반정'을 통해 등극했던 관계로 유교를 깍듯이 대접해야 했고, 명종은 당대의 고승 대덕이었던 보우 대사 정도의 인물을 목을 쳐 죽이는 참담한 폐불의 시기였다. 조선 건국 초기부터 숭유억불 정책으로 일관했으나 역대 왕들에 따라서는 알게 모르게 불교를 권력의 기반으로 이용했던 군왕도 있었다.

또 세조처럼 경전의 보급을 한글화·대중화로 이끄는 등 철저히 불교를 보호 장려했던 군왕도 없지는 않았으나 이후에는 음성적 지원이 오락가락하다가 연산군 때부터 이후 가장 참담한 시기를 겪게 되었다.

명종조 이후에도 임진, 정유왜란, 병자호란 등 국난을 당하면 다시 불교를 이용했다가 당쟁이 심화되고 국사가 어려워지면 또다시 희생양으로 삼는 등 조선조 5백 년의 불교는 참으로 누란의 역경이었다. 반대로 연산군 이후 유교의 발흥이 정점을 이루던 시기에 관료로 진출한 유생들의 대부(代父)격인 서화담과 지족 선사가 같은 송도권역에 있었다는 것 자체가 불행한 일이었다.

그것은 중앙무대에서 활동하던 보우 대사와 선승으로 이름이 높던 지족 선사를 꺾어놔야 할 시대적 상황에 처해 있음을 의미하는 것이다.

명종이 어려서 등극한 관계로 수렴청정했던 문정황후가 서거하자 명종의 실권을 강화하기 위해서는 문정황후 쪽 인물들의 제거가 반드시 선행되어야 했기에 보우 대사 목도 필요했고 지족의 폄하도 필요했다는 뜻이다. 또 중앙집권을 밑에서 받쳐주는 토대가 절실했던 지배계층의 입장에서는 지방 유생들에겐 자부심의 상징인 '화담' 의 승천을 위해 나락으로 비하(卑下)시킬 '지족' 이란 들러리가 꼭 필요했던 것은 아닌지……. 다시 말해 유교가 불교보다 상대적으로 더 우월하고 도덕적임을 증명할 실존의 이름이 필요했다는 의미이다.

필자는 설령 이 야사가 어느 정도 근거를 가지고 있다 하더라도 유생의 대표로 사대부 체면을 위해 대상을 대상으로 관하지 못한 서화담의 규격화된 격식의 인내보다, 여색의 소원을 제도한 후 경계에 물들지 않고 다시 제자리로 돌아간 지족의 무애행(無碍行)에 더 관심이 간다.

빅토르 위고의 표현처럼 '여자는 완성에 가까운 악마' 라는 말을 연상케 하는 황진이, 지족이 다시 산으로 돌아가지 않고 그 황진이와 살림차려 아들 딸 낳고 환속 처사로 잘 살았다는 흔적은 어디에서도 찾아볼 수 없기 때문이다. 보우 대사는 단칼에 목을 쳤기에 당대에는 큰 충격이었겠지만 금방 잊혀지게 되었고, 지족 선사는 살려놓은 채 명예만 더럽혀 4백 년 동안 회자되게 만들었으니 어느 쪽이 더 비열하고 잔인한 방법인지, 이제 그 '지족'이란 이름도 내려놓을 때가 되지 않았나 싶다.

필자는 사학자도 문학자도 아니지만 지족 선사가 살았던 시대적 상황과 환경 만큼은 우리가 확실히 알아야 한다는 의미에서 가설한 내용이다.

동 화(冬花)
A Flower in winter (53×34㎝)
Acrylic on Canvas

지계와 파계

조선조 명종 때 대학자였던 퇴계 이황(退溪 李滉) 선생에 관한 얘기다. 선생의 장남(長男)이 결혼 3년도 못 된 스무 살 나이에 세상을 버리자 남편도 자식도 없이 꽃다운 나이에 청상(靑孀)이 된 며느리가 가여워 마음이 무거웠다.

어느 날 밤 며느리 방에서 도란도란 얘기 소리가 들려 가만히 가 보았더니 며느리가 술상을 차려놓고 맞은 편에 죽은 아들의 베개를 세워 그 위에 갓을 씌워 놓았다. 그리고 그 갓 앞에 놓인 술잔에 술을 따르면서 '서방님, 한 잔 드세요' 하며 잔을 권하고 한참동안 이런저런 혼잣말을 하다가 그만 흐느껴 우는 며느리 모습을 보게 되었다. 윤리와 도덕이 무엇이길래 아직 새파란 며느리를 평생 수절시킨다는 것은 너무도 가혹하다는 것에 생각이 미친 퇴계 선생은 다음 날 며느리의 친정아버지를 불러 이렇게 말했다.

"자네 여식을 도로 데려가게. 그리고 가세가 곤궁하여 결혼을 못한 선비가 있거든 개가(改家)시켜 새로운 삶을 살도록 하게."

요즘 세상사로는 이해하기 어려운 일이지만 당시의 사대부 양반가에서는 자식이 있건 없건 평생 수절하고 사는 것이 법도였고, 사후 열녀문이나 홍살문을 세워 집안의 명예를 지키던 시대에 퇴계 선생의 제안은 실로 파격(破格)이었다.

"내 딸이 무슨 잘못이라도 했는가? 있을 수 없는 일이네. 감히 양반 가문을 욕보이자는 말인가?"

며느리의 아버지는 딸자식 장래를 생각해주는 친구 퇴계의 마음이 한없이 고마우면서도 선뜻 승낙할 수가 없었다. 그러나 한 번 마음을 굳힌 퇴계의 결연한 의지를 꺾을 수 없어 사돈은 딸을 친정으로 데리고 갔고 얼마 후 멀리 떨어진 곳으로 개가시켜 행복한 삶을 살게 해 주었다. 당시의 사회윤리나 법도를 과감히 뿌리치고 비난받을 것을 각오하며 '사람 살리는 길'을 택한 퇴계 선생이야말로 역시 대학자다운 큰 그릇이요 활인(活人)의 자비행과 다름 아니다.

또 다른 경우가 있다. 예전 어느 마을에 가난한 한 선비가 있었는데 이따금 마을 뒷산에 있는 암자에 올라가 스님의 법문도 듣고 공양도 얻어먹곤 하였다. 하루는 그 암자의 스님이 저잣거리에 나갈 일이 있다는 말을 듣고 그동안 신세진 미안한 마음에서 부인에게 공양을 준비시켰다. 워낙 가난한 살림이라 아내는 긴 머리를 잘라 팔아서 밀을 사온 후 그것을 맷돌에 갈아 국수를 만들었다. 그리고 남편이 간곡히 부탁한 터라 정성껏 맛을 내기 위해 파와 마늘도 넣고 새우젓도 적당히 넣어 맛있는 국수죽을 장만해 놓았다.

스님이 일을 보고 올라오는 것을 기다렸다가 선비는 부인에게 상을 내오게 했다. 그러나 스님은 부부의 정성에는 아랑곳없이 한 숟갈을 맛보더니, "파, 마늘, 새우젓이 들어 있군요. 어찌 불제자가 이런 음식을 먹을 수 있겠습니까? 저는 먹을 수 없습니다"라며 두 말 없이 일어서서

암자로 올라가 버렸다. 눈물이 글썽해진 선비는 수건을 쓰고 있는 아내의 머리를 보고 주루룩 눈물을 흘렸다. 그리고 두 번 다시 그 암자에도 가지 않고 불교도 멀리 했다고 구미래 선생이 쓴 '오색 시리즈' 책에서 읽은 기억이 있다. 가난한 부부의 성의를 생각해서 파, 마늘은 한쪽으로 미루어 놓고 젓가락으로 국수만 먹어도 되었을 것이고, 또 상대방 입장을 조금만 헤아렸다면 한 끼 공양쯤 먹은들 어떠리. 이런 경우는 대접을 받는 것이 부처님 마음이다.

계(戒)를 위한 계에 얽매여 자비심을 잃어버린 스님의 짧은 판단이 가난한 부부의 가슴에 못을 박아버린 것이다. 그래서 평생 불교와 담을 쌓게 만들어 버렸다면 중생구제는 고사하고 자기 자신 하나도 구제하지 못하는 꼴이 되고 만 것이다. 부처님께서는 대상에 빠져들어 스스로 탐착하는 것을 경계하라 하셨지 상대방 정성에 대한 차가운 경계를 말씀하신 것은 결코 아니다.

개차법(開遮法)이나 지범개차(持犯開遮)란 가르침이 있다. 지와 범, 개와 차는 서로 반대되는 개념으로 어떻게 하는 것이 계를 지키고[持] 어떻게 하는 것이 계를 깨뜨리는 일인지[犯] 계의 열고[開] 닫고[遮]를 잘 판단하는 것이 지혜라고 배웠다. '계(戒)를 파하고 백 년을 사느니 단 하루를 살더라도 계를 지키겠다'는 각오는 자기 자신을 안으로 단속하는 일이고 '계란은 깨지기 위해 존재한다'는 다소 억지 주장은 그래도 밖으로 타인을 배려할 때 쓰여진 말일 것이다.

그래서 퇴계 선생의 너그러운 파계가 국수를 거절한 스님의 냉혹한 지계보다 훨씬 빛나 보이는 것이다. 출가한 스님들조차 비구 250계, 비구니 348계를 다 지키기 어려운 일인데 하물며 속가에서 부대끼며 살

고 있는 우리가 눈만 뜨면 밀려오는 경계의 대상을 어떻게 다 지키며 살
수 있겠는가. 재가불자 입장에서는 '절대로'란 율(律)이 아니라 '가급
적'이라는 계(戒)의 상황에서, 차츰 차츰 파계의 반복을 줄여가는 가운
데 늘 참회와 자성의 습으로 삶의 근본을 삼자는 의미이다.

신 효(新曉)
On the Morning of New Year's Day
(53×41cm) Acrylic on Canvas

거인들의 하심

어느 날 아침 링컨 대통령이 자신의 구두를 닦고 있었다. 대통령에게 보고할 일이 있어 백악관에 들른 한 장관이 그 모습을 보고 깜짝 놀라서 링컨에게 물었다.

"대통령 각하! 대통령쯤 되시는 분이 자신의 구두를 손수 닦으시다니요?"

링컨 대통령이 씨익 웃으면서 이렇게 대답했다.

"아니 그럼, 미국 대통령은 미국 국민들의 신발을 모두 다 닦아줘야 합니까?"

"……."

*

슈바이처 박사가 아프리카에 병원을 세우기 위해 모금 활동을 하다가 잠시 고향에 들른다는 소문이 돌자 고향 사람들은 플래카드와 꽃다발을 들고 역으로 나갔다. 신학, 철학, 음악, 의학박사이며 고향의 자랑인 박사를 영접하기 위해 일등석 객실이 멈추는 위치에 서서 기다리고 있었다. 그러나 박사는 내리지 않았다. 일등석 손님이 다 내려도 박사가 보이지 않아 초조해하던 영접인들은 한참 후 맨끝인 3등석 칸에서 내려 이쪽을 향해 걸어온 박사를 발견하고 달려갔다.

"아니 박사님, 왜 3등 칸을 타고 오셨습니까?"

환영객들이 슈바이처 박사에게 꽃다발을 주면서 원망스럽다는 듯이 묻자 박사는 웃으면서 이렇게 대답했다.

"4등 칸이 있어야지요. 그래서 3등 칸을 탔을 뿐입니다."

"······."

✱

마하트마 간디가 1931년 9월 런던에서 열린 제2차 원탁회의에 초청을 받고 영국으로 가던 도중 마르세이유 세관원이 소지품 검사를 하면서 물었다.

"가지고 오신 것은 이것이 전부 다요? 다른 옷가방이나 소지품은 전혀 없습니까?"

간디는 늘 하던 대로 양손을 모아 인사를 하면서 이렇게 조용히 말했다.

"저는 가난한 탁발승입니다. 제가 지금 가진 것이라고는 감옥에서부터 써오던 밥그릇 하나와 염소젖 한 깡통, 그리고 모포 한 장과 수건, 이것이 전부입니다."

"······."

✱

스웨덴에서 미국 병사가 일반 버스를 타고 가면서 옆 좌석에 앉은 남자에게 자기의 조국을 자랑하고 싶어서 이렇게 말했다.

"미국은 세계에서 가장 민주적인 국가라서 평범한 시민이라도 본인이 원하면 백악관에 가서 대통령을 만날 수도 있습니다."

옆자리에 앉은 점잖은 승객이 놀라움을 표시하면서 이렇게 말했다.

"그것은 아무것도 아닙니다. 스웨덴에서는 국왕이라도 일반 평민들과 똑같은 버스를 함께 타고 다닙니다."

잠시 후 차가 멈추자 대화를 나누던 사람이 슬며시 일어나 눈인사를 하고 버스에서 내렸다. 그리고 다시 버스가 출발하자 건너편에 앉아 있던 한 승객이 미국 병사에게 이렇게 말했다.

"조금 전에 당신과 얘기하다 방금 내린 그 분이 바로 구스타프 아돌프 6세인 우리 스웨덴 국왕이십니다."

"……."

＊

일본의 신일본 철강회사 사장, 일본 조선선박회사 회장, 그리고 일본의 재계를 대표하는 경제인연합회 회장까지 두루 지낸 경제계의 원로 '도꼬 도시오' 라는 인물이 있었다.

그는 70이 넘어 모든 공직에서 은퇴한 이후, 아주 초라한 집에서 청빈하고 조용한 여생을 보내고 있었는데 경영난에 빠진 '도시바 전자' 의 간곡한 부탁을 뿌리치지 못해 도시바 회사 대표로 다시 취임하기 위해 첫 출근을 했다. 그가 백발의 머리로 지난 20년 동안 끌고 다닌 낡아빠

진 자동차를 털털거리며 손수 운전하고 출근하자 회사 정문 앞 수위가
소리를 질렀다.

"영감님! 당장 차 빼세요! 지금 우리 회사 신임 회장님께서 곧 오시는
데 빨리 차 빼란 말이에요!"

도꼬 도시오는 잠시 차를 세워놓고 내려가서 수위에게 모자를 벗고
공손히 절하며 이렇게 말했다.

"수고 하십니다. 제가 바로 오늘 새로 취임할 도꼬 도시오입니다. 앞
으로 매일 보게 될 텐데 잘 부탁합니다."

"……"

꽃에 향기가 있듯 사람에게도 품격이 있다. 그러나 시든 꽃은 향기가
신선하지 못하듯, 사람도 그 마음이 맑지 못하면 자신의 품격을 잃게 된
다. 썩은 백합은 오히려 잡초보다 더 냄새가 고약하다고 어느 책에선가
읽은 기억이 있다. 같은 물도 독사가 마시면 독을 만들고 소가 마시면
우유를 만든다고 했다. 어리석은 자가 지혜로운 사람을 만나도 알아보
지 못한 것은 천 년을 가도 국자가 국맛을 모르는 것과 같고, 어진 사람
은 혀가 국맛을 알듯이 지혜로운 사람을 한 순간에 알아본다고 했다. 교
만의 반대는 겸손이다. 최고의 지혜는 '친절과 겸손'이라는 말도 있다.

지관(智冠) 스님이 쓰신 『신행 365일』이란 책에 이런 글귀가 나온
다. '욕답만인두상거(欲踏萬人頭上去) 선당제인족하행(先當諸人足下
行)'이라 했다. 많은 사람들의 머리 위에 머물고자 하거든 먼저 모든 사
람의 발밑으로 다닐 줄 알아야 한다는 말씀이다. 스스로를 낮추는 하심
(下心)의 마음이야말로 불자가 갖추어야 할 첫번째 덕목이다.

맹신의 슬픔

B.C. 2천년경, 바윗돌에 새겨진 아시리아 비문에 '오늘날 우리들의 세대는 타락해 있다. 곧 말세가 올 것이다' 라고 적혀 있다.

B.C. 5백년경, 위대한 철학자 소크라테스나 플라톤마저도 '요즘 젊은이들은 어른들을 존경할 줄 모르며 부모에게 맞서고 법률과 질서를 무시하며 스승에게마저 반기를 든다' 고 한탄하며 역시 말세론(末世論)을 주장했다. 2천5백 년 전의 이 말은 마치 어제 신문에 난 머리기사처럼 젊은 사람들이 어른들 말을 콧등으로 듣는 모습이나 이를 걱정하는 어른들의 마음은 예나 지금이나 다를 바 없는 듯 하다.

A.D. 2백년경, 후한(後漢) 말기 장릉과 장각에 의해 오두미교(五斗米教)와 태평도(太平道)라는 황건의 무리들이 말세론을 주장하며 부적과 주술로 혹세무민(惑世誣民)하여 이상사회 건설을 목표로 난을 일으킨 바도 있다.

A.D. 1천년 전후, 중세의 유럽 암흑기에 가톨릭교는 남자 마귀를 인큐버스(Incubus), 여자 마귀를 슈큐버스(Succubus)라 하여 종교재판을 통해 2백여 년 동안 마귀와 성교했다는 죄목과 지구의 종말을 지킨다는 명분으로 90만 명을 화형시켰다.

A.D. 1천5백년경, 180년에 걸친 십자군전쟁 이후 마르틴 루터나 존 칼빈 등에 의해 주도되었던 개신교도들은 '교황이 바로 666 그리스도의 적'이라고 외쳤다. 그 저변에는 종이 한 장에 평생의 죄가 사라진다는 면죄부(Indulgence)까지 등장하여 7천만 명에 달하는 숫자가 종교 재판을 받아 고문당하고 불태워졌다. 이때도 역시 성령에 의해 지구의 종말을 지킨다는 대명제가 있었다.

1978년 11월 18일 밤, 아프리카 가이아나의 존스타운에서 '인민사원'을 이끌던 짐 존슨 목사는 276명의 어린이를 포함 912명의 신자들에게 청산가리 쥬스를 마시게 하였다. 이 또한 영광스러운 죽음을 일으킨 '하얀밤(white night)의 대참사' 역시 말세론과 종말론이 그 원인이었다.

1993년 10월 28일, 우리나라에서도 ○○선교회의 이○○ 목사에 의해 '휴거를 통한 들림'의 소동이 일어나고 그 후 영○교의 조○○ 목사가 본인이 재림 예수라고 외치기도 했다. 이 일로 그들은 감옥에 갔고 조목사는 부활하지 못한 채 얼마 전 감옥에서 죽었지만 이밖에도 오○양 사건 등을 통해 종말론이 거론되는 등 우리나라도 결코 예외는 아니었다.

1999년 말, 가까운 일본에서도 '옴 진리교'가 세계 도처에서 구원, 영생, 말세, 종말 등을 외쳐 전 세계를 경악하게 한 일이 있으며 프랑스의 예언자 노스트라다무스의 세계 종말론이 20세기 대미를 장식한 바도 있다.

과연 종교란 무엇인가? 왜 종말론과 말세론은 기원전부터 수천 년이 넘도록 인류의 역사와 함께 지금까지 계속되고 있는 것일까? 종교의 근본적인 목적은 다음 생(生)을 어떻게 준비할 것인가에 있기 보다는 주어진 현실 즉 오늘의 삶을 어떻게 살 것인가에 더 큰 의미가 주어져야 한다. 그럼에도 불구하고 말세론과 종말론을 퍼뜨려 재물과 사람을 헌납케 하고 이혼, 살인까지 요구하며 인간 삶의 기본 질서까지 파괴하는 맹목이 강제되는 집단은 우리 주변에서 영원히 추방되어야 할 것이다.

악마도 목적을 위해서는 성당의 촛대를 훔친다고 한다. 종교를 떠나 일반적인 상식선에서 생각을 해본다. 컴퍼스로 원(圓)을 그릴 때 중심축이 흔들리게 되면 절대 둥근 모양을 그릴 수 없듯이 우리들의 본성인 '마음'이 중심을 잡지 못하고 어디엔가 기적(?)에 의지하고 싶어지는 기대심리가 바로 비극의 시작이다.

사람의 모든 행동은 마음에서 좌우된다. 희노애락도 마음에서 일어나고 사랑과 미움, 존경과 질투, 희망과 절망, 참회와 교만 또한 마음에서 일어나며, 보고, 듣고, 서고, 자고, 걷고, 뛰는 육신의 결정도 모두 마음에서 일어난다. 형체가 있는 것 중에 가장 큰 것이 바다라 했고 형체가 없는 것 중에 가장 큰 것이 허공이라고 했다. 그러나 유형무형, 바다와 허공 그 모든 것을 다 초월하여 가장 큰 것이 '마음'이라 했다. 그런데 그 마음도 옹졸하게 졸아 붙으면 바늘 하나 꽂을 자리가 없는 것 또한 마음이라 했다.

불교에서는 이렇게 말한다.

『화엄경』에 이르기를 '모든 것은 전부 마음이 만드나니 마음 밖에 다른 그 무엇이 있을 수 없다.' 즉 마음이 원인이 되고 마음이 결과를 만든다 하여 '일체유심조 심외무별법(一切唯心造 心外無別法)'이라 하였다. 수많은 선지식들이 '마음의 관찰'을 그토록 강조했던 것도 불교란 '마음'이기 때문이다. 세상 모든 일은 내 마음이 결정한다…….

끝머리에 남기다

필자는 지금 엉뚱한 곳에 주처하며 이 글을 쓴다.

예로부터 불가에서 강원도 강릉 낙산사의 일출과 전라북도 변산 월명암의 낙조를 묶어 '낙산일출 월명낙조(洛山日出 月明落照)'라 하였다. 새벽녘 아침을 깨우는 여명의 일출도 극락이려니와 햇살 거두는 저녁 노을 석양의 일몰 또한 천하 제일의 장관이다.

실로 얼마만에 얻은 '나 홀로'의 적막(寂寞)인가?

학교에서는 계속된 보직의 책임에 시간 쫓기고 개인적으로는 불화(佛
畵)작업에 없는 시간 쪼개가며 지난 5년여를 어떻게 살았는지……. 이
번 여름 두 달만 이해해 주기를 즈변에 부탁해 놓고, 무리해서 떠나와
벌써 이 토굴에 묵언패를 내려건 지 한달쯤 되어 간다.

신라인 부설 거사(浮雪居士), 그가 692년 신문왕 12년에 지금 이곳
봉래산 상턱에 당신 따님의 이름을 빌어 월명(月明)이라 세웠던 전설 같
은 천년 토굴에 필자는 지금 등을 기대고 있다.

원고도 쓰다가 교정도 보다가, 눕고 싶으면 눕고, 고프면 배 채우고,
앉으면 좌선하고 포행하면 침묵이다. 컴퓨터도 없고 핸드폰도 안 터지
고 TV도 없고 팩스도 없다. 택배도 안 오고 우체부도 못 온다. 나의 적
막 일상(日常)을 방해할 것은 아무것도 없다.

스스로 원시인이 되어 문명의 이기로부터 멀어져 보면 내 안에 감추
어진 진면목을 친견하며 대자유가 얼마나 감사한지 새삼스럽게 느껴진
다. 부처님께서는 항상 '여섯 가지 감각기관(眼耳鼻舌身意)과 여섯 가지

경계(色聲香味觸法)에 문단속 잘하고 집착하지 말라’ 말씀하셨지만 여기 첩첩산중 묘적당에서 무엇을 단속하고 무엇을 경계하랴. 쾌락, 욕망, 원한, 질투, 어리석음 등의 오악(五惡)들이 운해(雲海)에서 살아날까, 낙조에서 살아날까?

천년 전에 이 토굴을 만든 부설 거사 게송에 이런 내용이 있다.

‘목무소견무분별(目無所見無分別) 이청무음절시비(耳聽無音絶是非)라, 눈으로 봐도 본 바가 없어 분별심을 내지 않고, 귀로 들어도 들은 바가 없어 시비심이 끊어졌다’ 했는데 대 거사의 게송, 그대로의 운치다.

주력기도로 밤을 새는 80 넘은 노보살, 세속 술[酒]에 한이 많은 부목살이 김 처사, 그리고 작년에 들어왔다는 환갑 고개 공양주, 거기에 스님과 내가 가족의 전부인데 필자가 묻기 전에는 모두가 묵언이다.

동탁(東卓) 조지훈 선생은 당신의 저서 「지조론」에서 ‘묵언’에 대해 만고의 명답을 이렇게 서술했다.

“묵언이란 거대한 침묵, 장엄한 침묵, 살아있는 침묵…… 유(有)와 무(無), 호(好)와 악(惡), 성(聖)과 속(俗), 생(生)과 사(死), 긍정(肯定)과 부

정(不定) 등 이 모든 것을 송두리째 삼키고 유유히 흘러가는 대하(大河)와 같은 것이다.”

　필자는 지금 동탁 선생의 대하 속에 함께 흘러갈 뿐이다. 모처럼 체득한 넘치는 자유요, 자유의 만끽이요, 도(道)를 채집하여 근심을 잊는 낙이망우(樂以忘憂)의 심정이다.

　그런데, 아직도 속진(俗塵)이 남아있는 것일까? 지묵 스님의 ‘뻔뻔해야 글을 쓴다’는 말로 위안을 삼지만 ‘환쟁이의 외도’가 어떻게 비춰질지……, 과연 이 화서집이 세상에 떠돌면서 강호의 붓들이 무어라 평(評)들 할지, 필자는 지금 매사에 부족함을 감히 사죄하고 있는 것이다. 능력의 한계가 고작 이뿐임을 스스로 부끄러워하면서 여기까지 읽어 준 독자들에게 감사한 마음으로 두 손을 모은다.　*

연화사 연해도(蓮華寺 蓮海圖) 대전 중구 문화동 연화사 소재
1996-1999 Acrylic on Canvas (750×180cm)

〈종이거울 자주보기〉 운동을 시작하며

유·리·거·울·은·내·몸·을·비·춰·주·고
종·이·거·울·은·내·마·음·을·비·춰·준·다

　〈종이거울 자주보기〉는 우리 국민 모두가 한 달에 책 한 권이상 읽기를 목표로 정한 새로운 범국민 독서운동입니다.
　국민 각자의 책읽기를 통해 우리 나라가 정신적으로도 선진국이 되고 모범국가가 되어 인류사회의 평화와 발전에 기여하기를 바라는 마음으로 이 운동을 펼쳐 가고자 합니다.
　인간의 성숙 없이는 그 어떠한 행복이나 평화도 기대할 수 없고 이루어지지 않는다는 엄연한 사실을 깨닫고, 오직 개개인의 자각을 통한 성숙만이 인류의 희망이고 행복을 이루는 길이라는 것을 믿게 된 때문입니다.
　이에, 우선 우리 전 국민의 책읽기로 국민 각자의 성숙을 이루고자 〈종이거울 자주보기〉 운동을 시작합니다.
　이 글을 대하는 분들께서는 저희들의 이 뜻이 안으로는 자신을 위하고 크게는 나라와 인류를 위하는 일임을 생각하시어, 흔쾌히 동참 동행해 주시기를 간절히 바랍니다.
　감사합니다.

2003년 5월 1일
공동대표:조홍식 이시우 황명숙

지 도 위 원

관조성국 나가성타 송암지원 미산현광 방상복(신부) 양운기(신부)

조홍식(성균관대명예교수) 이시우(前서울대교수) 황명숙(한양대명예교수)

강대철(조각가) 권경술(법사) 김광삼(현대불교신문발행인)

김광식(부천대교수) 김규칠(언론인) 김기철(도예가) 김상락(단국대교수)

김석환(하나전기대표) 김성배(미, 연방정부공무원) 김세용(도예가)

김숙자(주부) 김영진(변호사) 김영태(동국대명예교수) 김응화(한양대교수)

김재영(동방대교수) 김호석(화가) 민희식(한양대명예교수)

박광서(서강대교수) 박범훈(작곡가) 박성근(낙농업) 박성배(미, 뉴욕주립대교수)

박세일(서울대교수) 박재동(애니메이션 감독) 서혜경(전주대교수)

소광섭(서울대교수) 손진책(연출가) 송영식(변호사) 신송심(주부)

신희섭(KIST학습기억현상연구단장) 안상수(홍익대교수) 안숙선(판소리명창)

안장헌(사진작가) 유재근(연심회주) 윤용숙(여성문제연구회장)

이각범(한국정보통신대교수) 이규경(화가) 이규택(경서원대표) 이근후(의사)

이상우(굿데이신문회장) 이인자(경기대교수) 이일훈(건축가) 이재운(소설가)

이중표(전남대교수) 이택주(한택식물원장) 이호신(화가) 임현담(히말라야순례자)

정웅표(서예가) 한승조(고려대명예교수) 황보상(의사) – 가나다순 –

〈종이거울 자주보기〉 운동본부

(전호-) 031-676-8700 / (전송) 031-676-8704 /

(E-mail) cigw0923@hanmail.net

〈종이거울 자주보기〉 운동의 회원이 되려면,

● 먼저 〈종이거울 자주보기〉 운동 가입신청서를 제출합니다.
● 매월 회비 10,000원을 냅니다.(1년 또는 몇 달 분을 한꺼번에 내셔도 됩니다.)
  국민은행 245-01-0039-101(예금주:김인현)
● 때때로 특별회비를 냅니다. 자신이나 집안의 경사 및 기념일을 맞아
  희사금을 내시면, 그 돈으로 책을 구하기 어려운 특별한 분들에게 책을
  증정하여 〈종이거울 자주보기〉 운동을 폭넓게 펼쳐 갑니다.

〈종이거울 자주보기〉 운동의 회원이 되면,

① 회원은 매월 책 한 권 이상 읽습니다.
② 매월 책값(회비)에 관계없이 좋은 책, 한 권씩을 귀댁으로 보냅니다.
    (회원은 그 달에 읽을 책을 집에서 받게 됨)
③ 저자의 출판기념 강연회와 사인회에 초대합니다.
④ 지인이나 친지 또는 특정한 곳에 동종의 책을 10권 이상 구입하여
  보낼 경우 특전을 받습니다.
    ★ 평소 선물할 일이 있으면 가급적 책으로 하고, 이웃이나 친지들에게도 책 선물을
       적극 권합니다.
⑤ 〈도서출판 종이거울〉 및 유관기관이 주최 · 주관하는 문화행사에
  초대합니다.
⑥ 책을 구하기 어려운 곳에 자주, 기쁜 마음으로 책을 증정합니다.
⑦ 〈종이거울 자주보기〉 운동의 홍보위원을 자담합니다.
⑧ 집의 벽, 한 면은 책으로 장엄합니다.